すみっコぐらし™ 学習ドリル

# 小学1年のこくご 文しょう読解

しろくま

北からにげてきた、さむがりでひとみしりのくま。あったかいお茶をすみっこでのんでいるときがおちつく。

ぺんぎん？

じぶんはぺんぎん？
じしんがない。
昔はあたまにお皿があったような…

とんかつ

とんかつのはじっこ。
おにく1％、しぼう99％。
あぶらっぽいから
のこされちゃった…

ねこ

はずかしがりやのねこ。
気が弱く、よくすみっこをゆずってしまう。

とかげ

じつは、きょうりゅうの
生きのこり。
つかまっちゃうので
とかげのふりをしている。

# どの教科にも通じる「読み解く力」

小学校の国語科で担う基礎学力は、「話す・聞く力」「書く力」「読む力」「言葉に関する知識と、それを運用する力」「古典に親しむ態度と言語文化を享受し継承・発展させる力」など多岐にわたります。

本ドリルでは、特に「読む力」(読み解く力)を大切なものと位置づけて、「読解力」の向上を図ることを目指して制作しました。〝きちんと読み、きちんと考える〟ということが、〝話す・聞く〟、〝書く〟といった言語活動に必要な力の向上へとつながります。さらに〝きちんと読み、きちんと考える〟という読解力は、思考力・判断力・表現力を育てるための一連の活動へと寄与する力となります。

例えば、説明文を読むとき。何を指示しているのかを確かめることは、文章そのものの理解に役立ちますし、文章の流れを読み取るためには、前の文と後の文の関係をおさえておくことが大切です。物語を読むときには、どのような場面が描かれているのかの情景を想像するとともに、「いつ」「どこで」「だれが」「何を」「なぜ」「どのように」したのかに着目します。どんな出来事がどういう順番で起き、その結果、どうなったのかをとらえることで、あらすじも見えてきます。登場人物の心の動きを読み取り、心情の変化を読み取ったり、文章の書き手が「どうしてそういうことをいっているのか」という理由や原因を確認したり、主題として結論を読み取ることは重要です。

こうした「読む力」(読み解く力)は、国語だけに限らず、算数や社会などの全教科における学びにも横断的に通じる基礎的なリテラシーということができます。

読むことを通して、子どもが自らその成果を自分で獲得し、さらに他者に向けて発信する言語活動へとつなげていけるような工夫を施した場面設定・問題設定をまとめたものが本書です。本ドリルを活用して、読解力を自覚的そして自主的に獲得できるように願っています。

**鈴木一正**

慶應義塾幼稚舎教諭/博士(政策・メディア)

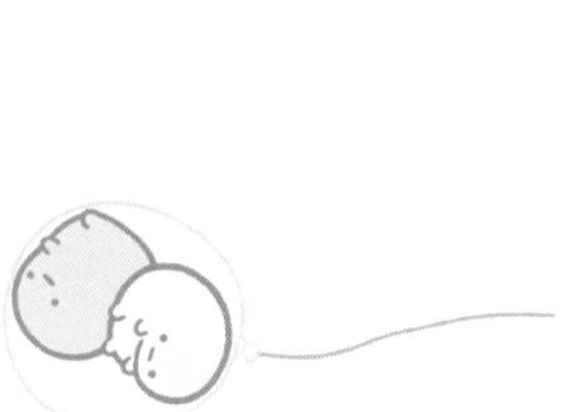

# この ドリルの つかいかた

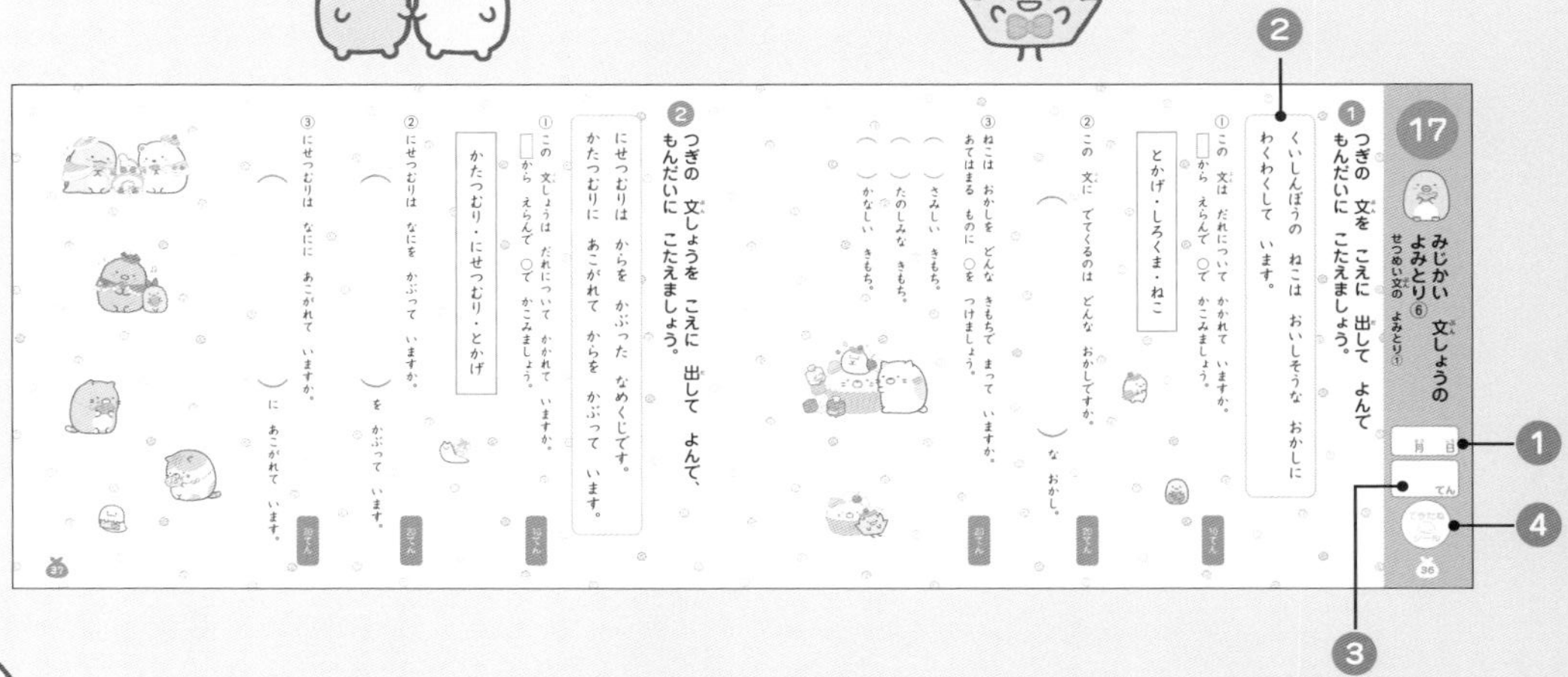

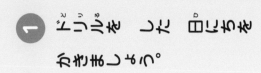

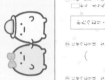

1 ドリルを した 日にちを かきましょう。

2 文や 文しょうを よみとります。こえに 出して ていねいに よみましょう。

3 おわったら おうちの かたに こたえあわせを して もらい、てんすうを つけて もらいましょう。

4 一かいぶんが おわったら「できたね シール」を 一まい はりましょう。

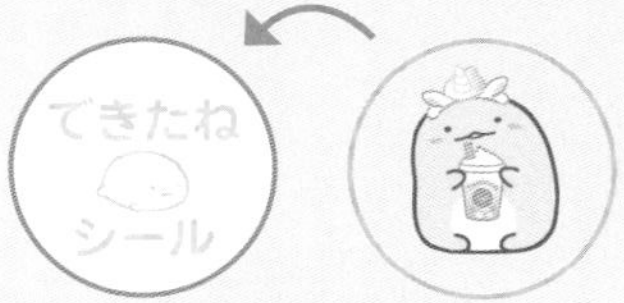
できたね
シール

## おうちの方へ

- このドリルでは 一年生で学習する国語のうち、文章読解を中心に学習します。
- 学習指導要領に対応しています。
- 正しい答えは74～88ページにあります。一回分の問題を解き終えたら、答え合わせをしてあげてください。
- このドリルでは 文章の中の言葉を正解としています。似た言い方のことばであれば、正解としてあげてください。
- まちがえた問題は、どこをまちがえたのか確認して、しっかり復習してください。

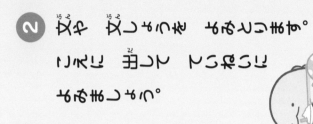

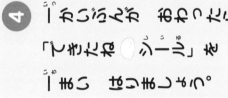

# 1 文(ぶん)しょうの かきうつし①

月(がつ)　日(にち)　てん

できたね シール



## 1 それぞれの もんだいに こたえましょう。

ぜんぶで50てん

① つぎの 文(ぶん)を こえに 出(だ)して よみましょう。

しろくまは、あたたかい おちゃが すきです。

② つぎの 文(ぶん)を ていねいに なぞりましょう。

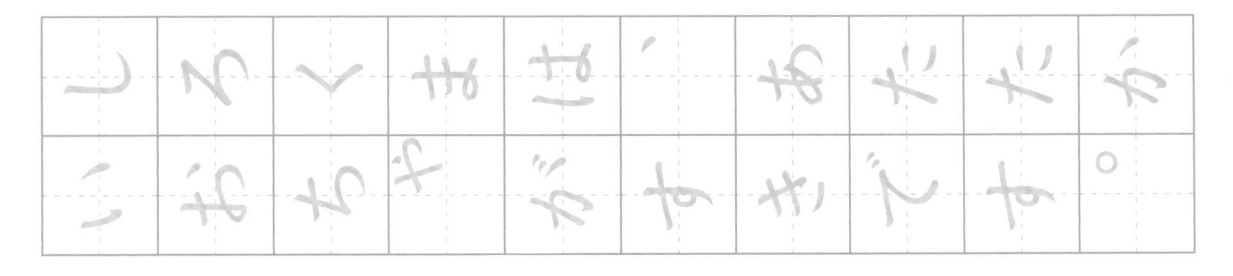

| | | | | | | | | | |
|---|---|---|---|---|---|---|---|---|---|
| し | ろ | く | ま | は | 、 | あ | た | た | か |
| い | お | ち | ゃ | が | す | き | で | す | 。 |

③ □の 文(ぶん)を ていねいに かきうつしましょう。

## ② それぞれの　もんだいに　こたえましょう。

ぜんぶで50てん

① つぎの　文(ぶん)を　こえに　出(だ)して　よみましょう。

おとうとと　いっしょに　えきへ　いく。

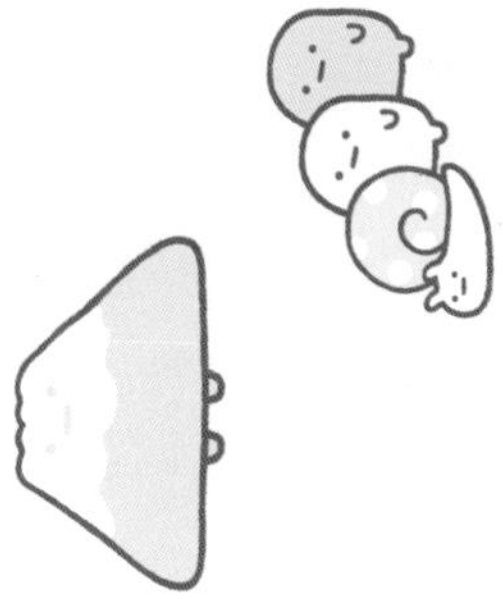

② つぎの　文(ぶん)を　ていねいに　なぞりましょう。

| | | | | | | | | | |
|---|---|---|---|---|---|---|---|---|---|
| お | と | う | と | と | い | っ | し | ょ | に |
| え | き | へ | い | く | 。 | | | | |

③ 　　の　文(ぶん)を　ていねいに　かきうつしましょう。

| | | | | | | | | | |
|---|---|---|---|---|---|---|---|---|---|
| | | | | | | | | | |
| | | | | | | | | | |

# 2 文しょうの かきうつし②

月　日　　てん　　できたね シール

## 1 それぞれの もんだいに こたえましょう。 ぜんぶで50てん

① つぎの 文しょうを こえに 出して よみましょう。

　さむがりの しろくまは、ふゆの さむい あさに おきるのが とっても にがてです。
　あたたまりたくて、コーンたっぷりの スープを つくる ことに しました。

② [　　] の 文しょうを ていねいに かきうつしましょう。

★ことばと ことばの あいだは あけないで かまいません。
★かきはじめは 一ます あけましょう。
★てん（、）や まる（。）も 一つの ますに かきましょう。
★ぎょうを かえたら 一ます あけましょう。

## ❷ それぞれの　もんだいに　こたえましょう。

ぜんぶで50てん

① つぎの　文しょうを　こえに　出して　よみましょう。

　わたしの　すきな　いろは
きいろです。
　わたしの　すきな　たべものは、
あたたかい　ごはんと
おにくです。

② □の　文しょうを　お手本にして　じぶんの　すきな
ものを　かいて　みましょう。かけたら　こえに
出して　よみましょう。

★ことばと　ことばの　あいだは　あけなくて　かまいません。
★かきはじめは　一ます　あけましょう。
★てん（、）や　まる（。）も　一つの　ますに　かきましょう。
★ぎょうを　かえたら　一ます　あけましょう。

# 3 、。「」の つかいかた

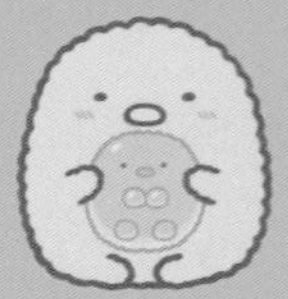

月　日

てん

できたね シール

## 1 つぎの 文の □に 、か 。の どちらかを 一つずつ かきましょう。

ひとつ5てん（30てん）

① ねこが □ パンを たべて います □

② ぺんぎん？は □ 本を よみました □

③ とんかつと えびふらいのしっぽは □ いっしょに パンを つくって います □

## 2 （　）の ことばを ならべかえて、文を つくりましょう。

ひとつ15てん（30てん）

① （雨です。）（天気は、）（あしたの）

（　　　　　　　　）

② （たくさんの）（バスには、）（のって）（人が）（います。）

（　　　　　　　　）

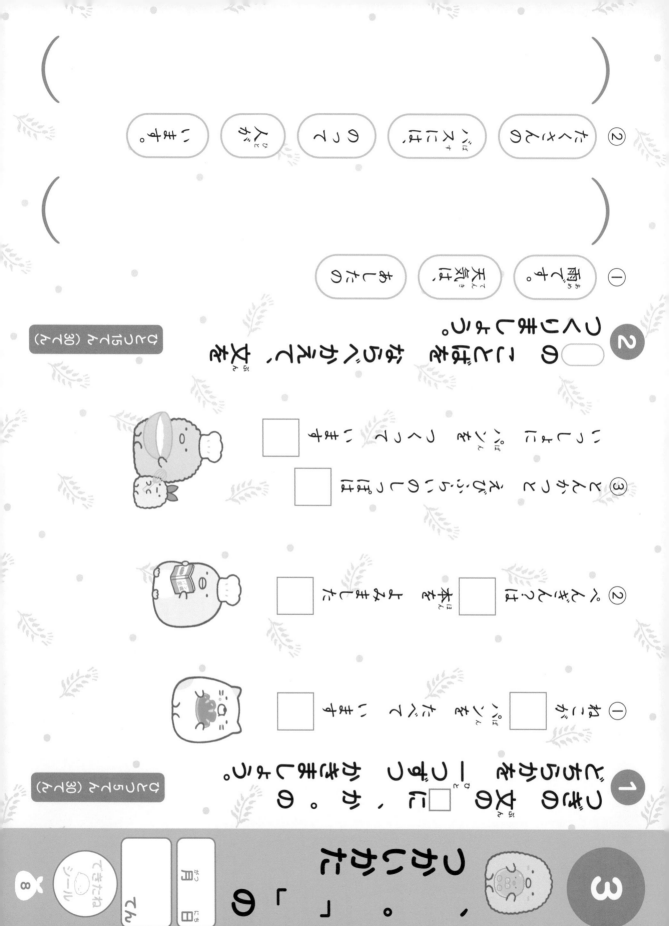

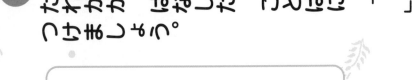

## 3 つぎの 文を こえに 出して よんで、だれかが はなした ことばに 「 」を つけましょう。

ひとつ10てん（20てん）

①
おかあさんは、
しゅくだいを やりなさい。
と、いいました。

②
先生に、
おはようございます。
と、大きな こえで あいさつしました。

## 4 つぎの 文を こえに 出して よんで、文の 中に 、と 。と 「 」を 一つずつ かきましょう。

ひとつ10てん（20てん）

①
ともだちに
いっしょに あそぼう。
と、いいました

②
先生は
ちこくを しないように。
と、ちゅういしました

# 4 文しょうの くみ立て①

「なにが」「なには」の ことば

月 日

てん

できたね シール



**1** つぎの 文を こえに 出して よんで、「なにが」や 「なには」に あたる ところに、——を ひきましょう。

ひとつ10てん（30てん）

① 花が さきました。

② 犬が あるく。

③ そとは あつい。

**2** つぎの 文を こえに 出して よんで、「なにが」や 「なには」に あたる ことばを （　）に かきましょう。

ひとつ10てん（30てん）

① とりが とびたつ。（　　　）

② コップが われた。（　　　）

③ 校ていは ひろい。（　　　）

## ❸ つぎの 文しょうを こえに 出して よんで、もんだいに こたえましょう。

ひとつ10てん（20てん）

雨が やみました。すると、大きな
にじが 出ました。

① なにが やみましたか。（　　　　）

② なにが 出ましたか。（　　　　）

## ❹ つぎの 文を こえに 出して よんで、（　）に あう ことばを かきましょう。

ひとつ10てん（20てん）

つよい かぜが ふいて、はっぱが
とばされて いきました。

① つよい（　　　　）が、ふきました。

② （　　　　）が、とばされました。

# 5 文しょうの くみ立て②

「だれが」の ことば

月　日

てん

できたね シール

**1** つぎの 文を こえに 出して よんで、「だれが」や 「だれは」に あたる ところに、——を ひきましょう。

ひとつ10てん（30てん）

① しろくまが およぐ。

② ぺんぎん?が はしる。

③ ねこが うかんで います。

**2** つぎの 文を こえに 出して よんで、「だれが」や 「だれは」に あたる ことばを （　） に かきましょう。

ひとつ10てん（30てん）

① おかあさんが 出かける。（　　　）

② おとうさんが 本を よむ。（　　　）

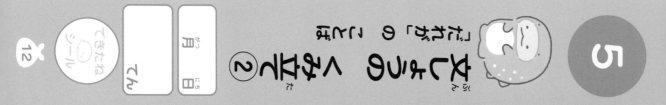

③ わたしは 一年生です。（　　　）

## 3 つぎの 文しょうを こえに 出して よんで、もんだいに こたえましょう。

ひとつ10てん（20てん）

ともだちが、おかしを もって あそびに きました。わたしは とても よろこびました。

① おかしを もって きたのは だれですか。

（　　　　）

② よろこんだのは だれですか。

（　　　　）

## 4 つぎの 文しょうを こえに 出して よんで、（　）に あう ことばを かきましょう。

ひとつ10てん（20てん）

先生が、きょうしつに 入って きました。わたしは、元気よく あいさつを しました。

① きょうしつに 入って きたのは（　　　　）です。

② 元気よく あいさつを したのは（　　　　）です。

# 6 文しょうの くみ立て③

「なにを」の ことば

月　日

てん

できたね シール

## 1 つぎの 文を こえに 出して よんで、「なにを」に あたる ところに、――を ひきましょう。

ひとつ10てん（30てん）

① 先生が プリントを くばる。

② わたしは えを かきました。

③ ともだちが ボールを なげる。

## 2 つぎの 文を こえに 出して よんで、「なにを」に あたる ことばを （　）に かきましょう。

ひとつ10てん（30てん）

① おかあさんが ごはんを つくる。（　　　　）

② いもうとが ケーキを たべる。（　　　　）

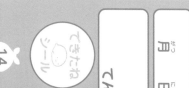

③ ぼくは ゲームを する。（　　　　）

## 3 つぎの 文しょうを こえに 出して よんで、もんだいに こたえましょう。

ひとつ10てん（20てん）

わたしは ずかんを よみました。いもうとは
え本を よみました。

① わたしは なにを よみましたか。
（　　　　　　）

② いもうとは なにを よみましたか。
（　　　　　　）

## 4 つぎの 文しょうを こえに 出して よんで、（　）に あう ことばを かきましょう。

ひとつ10てん（20てん）

休みじかんに 校ていで ドッジボールを しました。
きょうしつでは、おりがみを おりました。

① 校ていで（　　　　　　）を しました。

② きょうしつで（　　　　　　）を おりました。

# 7 文しょうの くみ立て④

「いつ」の ことば

月　日

てん

できたね シール

## 1 つぎの 文を こえに 出して よんで、「いつ」に あたる ところに、——を ひきましょう。

ひとつ10てん（30てん）

① きのう、ともだちと　あそんだ。

② 四月に、二年生に　なります。

③ よる、かぞくで　テレビを　見る。

## 2 つぎの 文を こえに 出して よんで、「いつ」に あたる ことばを （　）に かきましょう。

ひとつ10てん（30てん）

① あさ、雨が　ふって　いました。（　　　　）

② きょう、でんしゃで　出かけます。（　　　　）

③ ふゆに　ゆきだるまを　つくる。（　　　　）

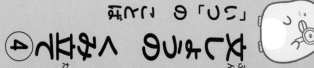

## 3 つぎの　文しょうを　こえに　出して　よんで、もんだいに　こたえましょう。

ひとつ10てん（20てん）

> きのう、学校で　ドッジボールを　しました。
> きょうは、こうえんで　なわとびを　しました。

①ドッジボールを　したのは　いつですか（　　　　）

②なわとびを　したのは　いつですか。（　　　　）

## 4 つぎの　文しょうを　こえに　出して　よんで、（　）に　あう　ことばを　かきましょう。

ひとつ10てん（20てん）

> 十月に、うんどうかいが　あります。
> 十一月には、おんがくかいが　あります。

①うんどうかいを　するのは（　　　　）です。

②おんがくかいを　するのは（　　　　）です。

# 8 文しょうの くみ立て⑤

「どこで」の ことば

月　日

てん

できたね シール

1 つぎの 文を こえに 出して よんで、「どこで」に あたる ところに、――を ひきましょう。

ひとつ10てん（30てん）

① としょかんで 本を よむ。

② どんぐりを こうえんで 見つける。

③ きのう、ともだちと プールで およいだ。

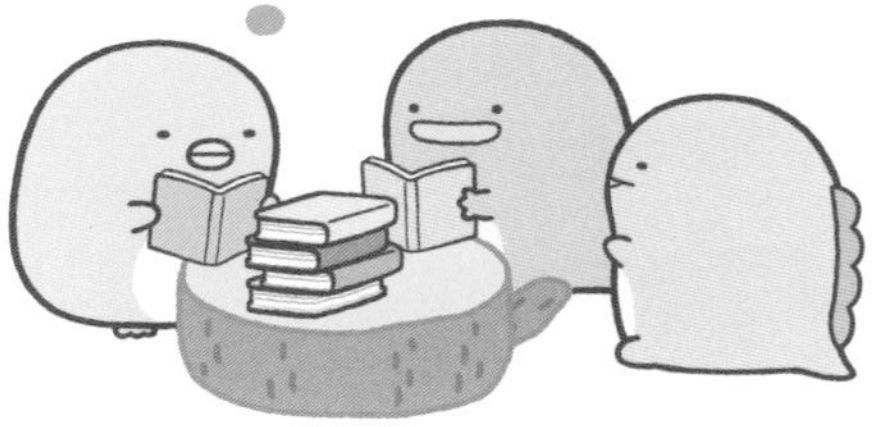

2 つぎの 文を こえに 出して よんで、「どこで」に あたる ことばを（　）に かきましょう。

ひとつ10てん（30てん）

① ろうかで 先生に あう。

（　　　　　）

② しゅくだいを へやで する。

（　　　　　）

③ おかあさんと スーパーで かいものを する。

（　　　　　）

## 3 つぎの 文しょうを こえに 出して よんで、もんだいに こたえましょう。

ひとつ10てん（20てん）

①

わたしは、きのう 学校へ いきました。
そして、校ていで なわとびを しました。

どこで なわとびを しましたか。

（　　　　）

②

スーパーで ぎゅうにゅうを かいました。
そのあと、パンやさんで パンを 二つ かいました。

パンを 二つ かったのは どこですか。

（　　　　）

## 4 つぎの 文を こえに 出して よんで、（　）に あう ことばを かきましょう。

20てん

学校が おわった あと、ともだちと こうえんで
あそびました。

ともだちと あそんだ ところは、（　　　　）です。

# 9 文しょうの くみ立て⑥
「どうする」「どうした」の ことば

月　日

てん

できたね シール

## 1 えに あう 文に なるように 正しいほうの ことばを えらんで、◯で かこみましょう。

ひとつ8てん（24てん）

① 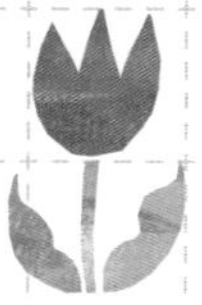 チューリップが（ なく ／ さく ）。

②  雨が（ きる ／ ふる ）。

③  とりが（ とぶ ／ よむ ）。

## 2 つぎの 文を こえに 出して よんで、「どうする」や 「どうした」に あたる ところに、――を ひきましょう。

ひとつ10てん（30てん）

① おさらが われた。

② わたしは ノートを かう。

③ えんぴつの しんが おれた。

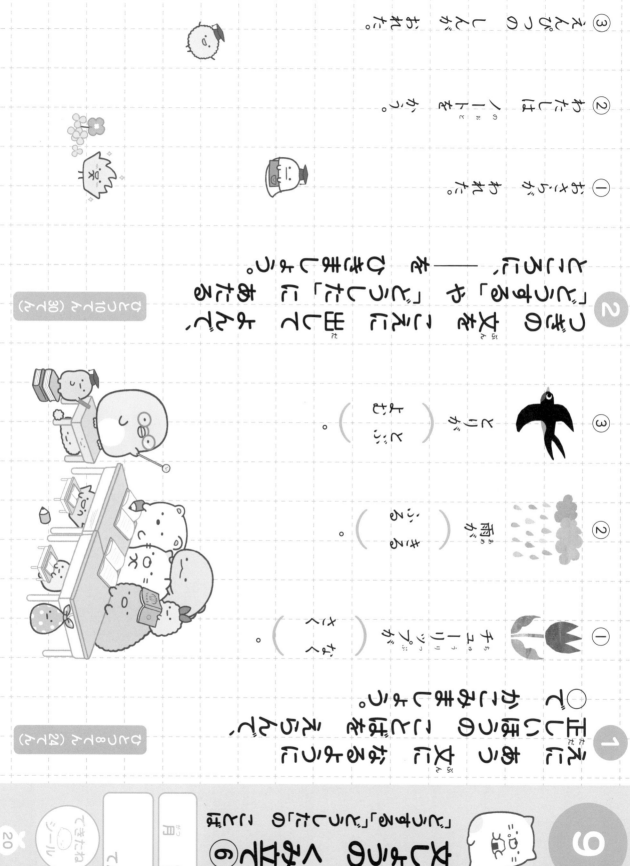

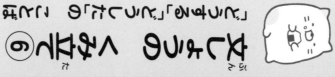

## 3

つぎの　文を　こえに　出して　よんで、「どうする」や　「どうした」に　あたる　ことばを　（　）に　かきましょう。

ひとつ10てん（30てん）

① 犬が　ほえる。（　　　　）

② ゆきが　ふった。（　　　　）

③ 先生が　はなした。（　　　　）

## 4

つぎの　文しょうを　こえに　出して　よんで、（　）に　あう　ことばを　かきましょう。

ひとつ8てん（16てん）

わたしは、おやつに　ドーナツを　たべました。
いもうとは、りんごジュースを　のみました。

① わたしは、ドーナツを（　　　　）。

② いもうとは、りんごジュースを（　　　　）。

# 10 文しょうの くみ立て⑦
つなぎの ことば①

月　日

てん

できたね シール

## 1 正しいほうの 文字を えらんで、◯で かこみましょう。

ひとつ4てん（12てん）

① わたし（ の ／ で ）ランドセル。

② えのぐ（ で ／ は ）かく。

③ ともだち（ に ／ と ）あそぶ。

## 2 □に 入る 文字を □から えらんで、文を かんせいさせましょう。

ひとつ8てん（48てん）

★どの 文字も 一どしか つかえません。

① ケーキ □□ たべる。

② 七じ □□ おきる。

③ こうえん □□ あそぶ。

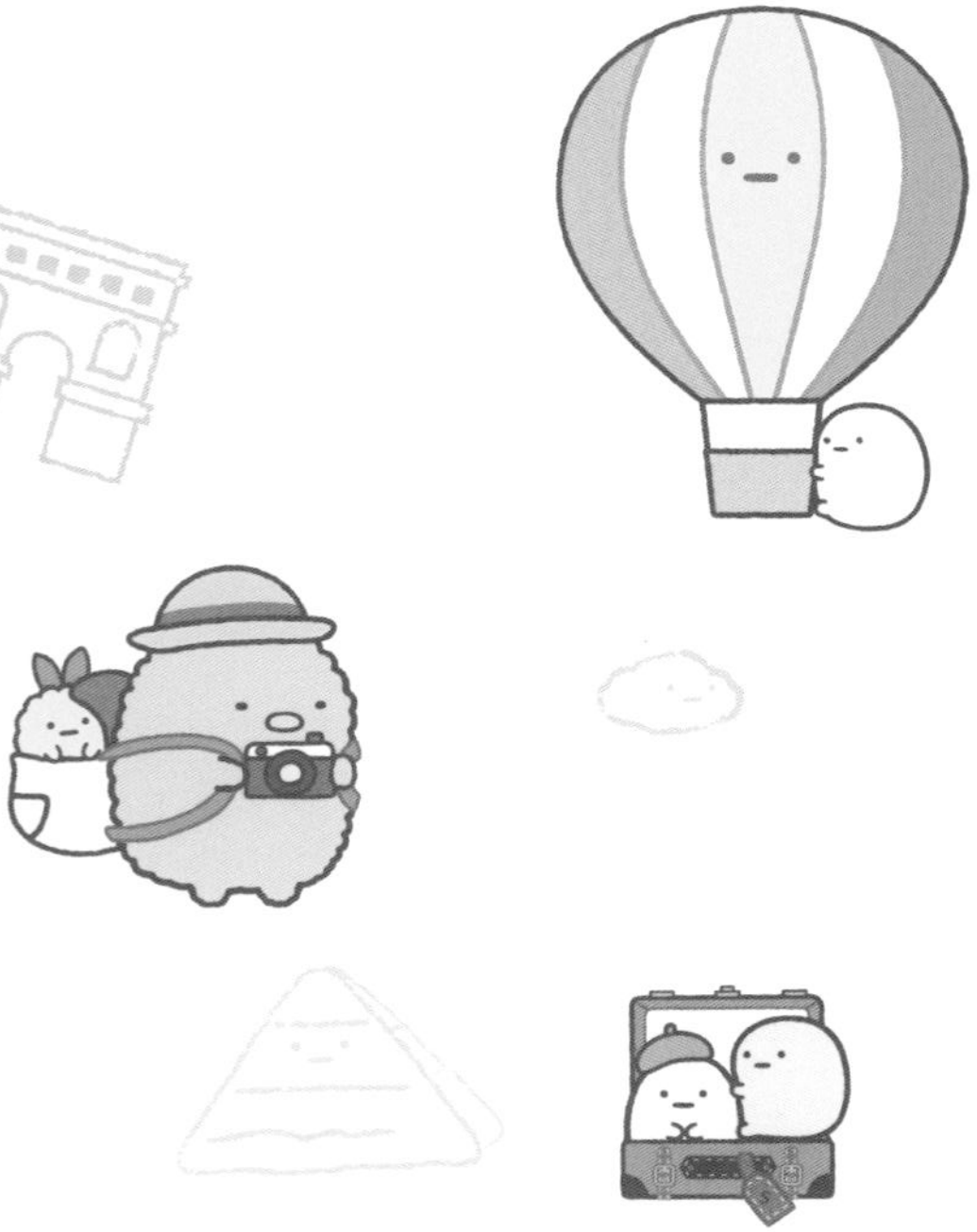

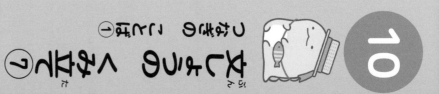

④ 先生(せんせい)［　］はなす。

⑤ わたし［　］なまえ。

⑥ でん車(しゃ)［　］くる。

の・で・が・と・に・を

**3** えに　あう　文(ぶん)に　なるように、正(ただ)しいほうの　文字(もじ)を　えらんで、◯で　かこみましょう。

ひとつ10てん（40てん）

① 

ぼく（は／わ）サッカー(さっかあ)が　とくいです。

② 

ともだちに　て（お／を）ふります。

③ 

いもうと（お／を）こうえん（え／へ）つれていく。

# 11 文しょうの くみ立て⑧

つなぎの ことば②

月　日

てん

できたね シール



## 1 あとに つづく 正しい 文を えらんで、（　）に ○を かきましょう。

ひとつ15てん（30てん）

① きょうは、雨が ふって います。
- （　）しかし、かさを さします。
- （　）だから、かさを さします。

② にんじんが にがてです。
- （　）でも、がんばって たべます。
- （　）なぜなら、がんばって たべます。

## 2 文しょうが つながるように □から ことばを えらんで、（　）に かきましょう。

ひとつ10てん（20てん）

① おなかが すきました。（　　　）、ごはんを たべました。

だから・でも

② 本で しらべました。（　　　）、よく わかりませんでした。

でも・ので

## 3 〰〰の ことばに 気(き)を つけて、（　）に あてはまる ことばを □から えらんで かきましょう。

ひとつ10てん（20てん）

① ねむく なりました。それで、おひるねを（　　　　）。

しました・しませんでした

② こうえんで あそぶ ことに しました。
しかし、雨(あめ)が ふって（　　　　）。

きました・きませんでした

## 4 つぎの 文(ぶん)しょうを こえに 出(だ)して よんで、もんだいに こたえましょう。

ひとつ15てん（30てん）

らいしゅうは、かん字(じ)の テスト(てすと)が あります。
［①］、たくさん べんきょうを しました。
［②］、テスト(てすと)で 百(ひゃく)てんを とれました。

① ［①］に あう ことばを □から えらんで ○で かこみましょう。

しかし・だから

② ［②］に あう ことばを □から えらんで ○で かこみましょう。

すると・でも

# 12 みじかい 文しょうの よみとり①

ようすの ことば①



## 1 えに あう ようすの ことばを □ から えらんで、（　　）に かきましょう。

ひとつ4てん（12てん）

①  （　　　）えのぐ。　白い・赤い

②  （　　　）ケーキ。　まるい・しかくい

③  かぜが（　　　）。　よわい・つよい

## 2 つぎの 文を こえに 出して よんで、ようすを あらわす ことばに、——を ひきましょう。

ひとつ8てん（24てん）

① えんぴつが ながい。

② ふかい プール。

③ ランドセルが おもい。

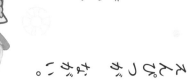

## 3 （　）に　あてはまる　ことばを　□から　えらんで、文を　かんせいさせましょう。

ひとつ8てん（24てん）

① うみは（　　　）。

② 力が（　　　）。

③（　　　）ジュース。

| つよい・あまい・ひろい |
|---|

★どの　ことばも　一どしか　つかえません。

## 4 つぎの　文を　こえに　出して　よんで、もんだいに　こたえましょう。

ひとつ20てん（40てん）

①

わたしは、おなかが　すいて　いたので、
大きな　ドーナツを　たべました。

どんな　ドーナツを　たべましたか。

（　　　）ドーナツ

②

わたしは、白い　ワンピースを　きて、
ピンクいろの　バッグを　もって　います。

どんな　バッグを　もって　いますか

（　　　）バッグ

# 13 みじかい 文しょうの よみとり②

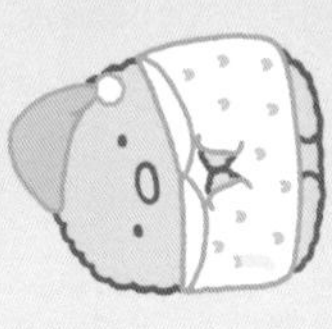

ようすの ことば②

月　日　てん

できたね シール



1 つぎの 文を こえに 出して よんで、ようすを あらわす ことばに、——を ひきましょう。

ひとつ10てん（30てん）

① ほしが きらきら ひかる。

② かぜが そよそよ ふく。

③ ドアを どんどん たたく。

2 （　　）に あてはまる ことばを □から えらんで、文を かんせいさせましょう。

ひとつ10てん（30てん）

★どの ことばも 一どしか つかえません。

① 空が（　　　　　　）青い。

② 赤ちゃんが（　　　　　　）わらう。

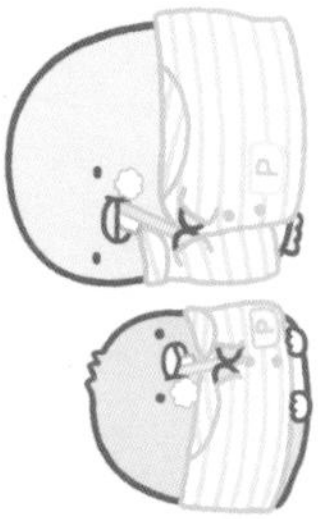

③ 学校まで（　　　　　　）あるく。

にこにこ・とても・ゆっくり

## 3 つぎの　文しょうを　こえに　出して　よんで、もんだいに　こたえましょう。

ひとつ15てん（30てん）

かみなりが　ゴロゴロと　なりました。そのあと、
ザーッと　雨が　ふって　きました。

①「ゴロゴロ」は、なんの　音ですか。

（　　　　　）

②「ザーッ」は、なんの　音ですか。

（　　　　　）

## 4 つぎの　文しょうを　こえに　出して　よんで、もんだいに　こたえましょう。

10てん

しゅくだいを　わすれたと　おもったら、
ランドセルの　中に　入って　いて　ほっと　しました。

しゅくだいが　あって　どんな　ようすですか。
（　）に　あてはまる　ことばを　かきましょう。

（　　　　　）した　ようす。

# 14 みじかい 文しょうの よみとり③

うごきを あらわす ことば

月 日

てん

できたね シール



## 1 えに あう 文に なるように 正しいほうの ことばを えらんで、○で かこみましょう。

ひとつ10てん（30てん）

① ぺんぎん？が ごはんを（たべる・のむ）。

② とかげが（あるく・ねる）。

③ ねこが ほんを（よむ・はしる）。

## 2 （　）に あてはまる ことばを □から えらんで、文を かんせいさせましょう。

ひとつ10てん（30てん）

① ボールを（　　　　）。

② 木に（　　　　）。

③ プールで（　　　　）。

| |
|---|
| ける・およぐ・のぼる |

★どの ことばも 一どしか つかえません。

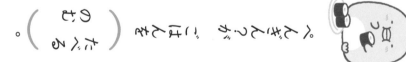

## 3 つぎの　からだで　する　うごきを　□から　二つずつ　えらんで、（　）に　かきましょう。

ひとつ5てん（30てん）

★どの　ことばも　一どしか　つかえません。

① 口（くち）　（　　　）（　　　）

② 手（て）　（　　　）（　　　）

③ 足（あし）　（　　　）（　　　）

はしる・ひろう・うたう・もつ・のむ・とびはねる

## 4 えに　あう　文に　なるように　ことばを　□から　えらんで、（　）に　かきましょう。

ひとつ5てん（10てん）

★どちらの　ことばも　一どしか　つかえません。

①

バスに（　　　）。

②

クレヨンで（　　　）。

かく・のる

# 15 みじかい 文しょうの よみとり④

気もちを あらわす ことば

月　日

てん

できたね シール

**1** つぎの 文を こえに 出して よんで、もんだいに こたえましょう。　ひとつ15てん（30てん）

①
わたしは、ともだちから プレゼントを もらって、うれしく なりました。

どんな 気もちに なりましたか。

（　　　）気もちに なりました。

②
わたしは、おかあさんに しかられて、かなしく なりました。

どんな 気もちに なりましたか。

（　　　）気もちに なりました。

**2** つぎの 文を こえに 出して よみ、どんな 気もちかを えらんで（　）に ○を かきましょう。　20てん

あしたは、えんそくなので とても わくわくして います。

（　）かなしんで いる。
（　）たのしみに して いる。
（　）がっかり して いる。

## 3 つぎの 文を こえに 出して よんで、もんだいに こたえましょう。

ひとつ15てん（30てん）

① 先生に ちゅういされて、しょんぼりしました。

どんな ようすから、かなしい 気もちが わかりますか。

（　　　　　　　　）して いる ようすから。

② テストで 百てんを とって、とびはねました。

どんな ようすから、うれしい 気もちが わかりますか。

（　　　　　　　　）ようすから。

## 4 つぎの 文しょうを こえに 出して よんで、もんだいに こたえましょう。

20てん

わたしは、さく文を はっぴょうしました。クラスの みんなが ほめてくれて うれしく なりました。

うれしく なったのは どうしてですか。
（　）に あてはまる ことばを かきましょう。

みんなが（　　　　　　　　）から。

# 16 みじかい　文しょうの　よみとり⑤

文しょうの　じゅんばん



てん

できたね シール

**1** つぎの　それぞれの　文を　こえに　出して　よんで、③で　なにが　おきたかを　かんがえましょう。あてはまる　ものを　えらんで　（　）に　○を　かきましょう。

37てん

① すみっコたちは、パンきょうしつに　いきました。

おねがいします
ようこそ

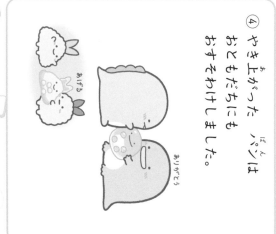

② そこで　パンづくりを　おそわりました。

あっ
あっ
ぷくー


③

④ やき上がった　パンは　おともだちにも　おすそわけしました。

ありがとう
あげる


（　）パンきょうしつに　いくことに　しました。

（　）お気に入りの　パンが　やけました。

（　）パンが　ぜんぶ　こげて　しまいました。

## 2 つぎの　文が　正しい　じゅんばんに　なるように、□に　1〜3の　すう字を　かきましょう。

①

1…うみで
2…なつやすみに
3…およぎました。

□ → □ → □

ひとつ7てん（21てん）

②

1…なわとびを　しました。
2…二じかん目の
3…たいいくの　じかんに

□ → □ → □

ひとつ7てん（21てん）

③

1…しかし、天気が　わるく　なって　きたので、
2…きょうしつで　あそぶ　ことに　しました。
3…校ていで　あそぶ　ことに　しました。

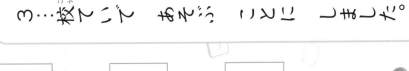

□ → □ → □

ひとつ7てん（21てん）

# 17 みじかい 文しょうの よみとり⑥

せつめい文の よみとり①



## 1 つぎの 文を こえに 出して よんで、もんだいに こたえましょう。

くいしんぼうの ねこは おいしそうな おかしに わくわくして います。

① この 文は だれに ついて かかれて いますか。□から えらんで ◯で かこみましょう。（10てん）

とかげ・しろくま・ねこ

② この 文に でてくるのは どんな おかしですか。（20てん）

（　　　　　　　）な おかし。

③ ねこは おかしを どんな きもちで まって いますか。あてはまる ものに ◯を つけましょう。（20てん）

（　）さみしい きもち。

（　）たのしみな きもち。

（　）かなしい きもち。

## ② つぎの 文しょうを こえに 出して よんで、もんだいに こたえましょう。

にせつむりは からを かぶった なめくじです。
かたつむりに あこがれて からを かぶって います。

① この 文しょうは だれについて かかれて いますか。
□から えらんで ◯で かこみましょう。 10てん

| かたつむり・にせつむり・とかげ |
|---|

② にせつむりは なにを かぶって いますか。 20てん

（　　　　　　）を かぶって います。

③ にせつむりは なにに あこがれて いますか。 20てん

（　　　　　　）に あこがれて います。

# 18 みじかい 文(ぶん)しょうの よみとり⑦

せつめい文(ぶん)の よみとり②

**1** つぎの 文(ぶん)しょうを こえに 出(だ)して よんで、もんだいに こたえましょう。

なつに なると、あさがおの 花(はな)が さきます。
あさがおの 花(はな)は あさに さいて、
ひるごろには しぼみます。

① この 文(ぶん)しょうに 出(で)てくる 花(はな)は なんですか。　10てん

（　　　　　　　　）

② あさがおの 花(はな)が さく きせつは いつですか。　10てん

（　　　　　　　　）

③ あさがおは どのように さきますか。　ひとつ15てん（30てん）

あさに（　　　　　　　　）、

ひるごろに（　　　　　　　　）。

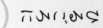

## 2 つぎの　文しょうを　こえに　出して　よんで、もんだいに　こたえましょう。

おとうとは　こうえんへ　いきました。
しかし、雨が　ふって　きたので　いえに
かえって　きました。

① この　文しょうに　出てくる　人は　だれですか。
□から　えらんで　○で　かこみましょう。　10てん

おかあさん・おとうと・おじいさん

② おとうとは　どこに　いきましたか。　20てん

（　　　　）へ　いった。

③ どうして　おとうとは　いえに　かえって　きたのですか。
あてはまる　ものに　○を　つけましょう。　20てん

（　）さみしく　なったから。
（　）ともだちと　けんかを　したから。
（　）雨が　ふって　きたから。

19

# よみとりもんだい①（ものがたり）

「かいがら」



## つぎの 文しょうを こえに 出して よんで、もんだいに こたえましょう。

くまの こが、うさぎの こに いいました。
「うみで かいがらを ひろって きたよ。」
「きれいね。みんな、ちがう いろ。」
「うさぎちゃん、どれが すき。」
「これよ。これが
いちばん すき。」（あ）
うさぎの こは、しまもようの
かいがらを さしました。
「ああ、ぼくと いっしょだ。」（い）
くまの こも、おなじ ものが
いちばん すきでした。
もし、うさぎの こが ももいろの
かいがらを すきだと いったら、
くまの こは、おみやげに あげる
つもりでした。
ももいろの かいがらは、にばんめに
きに いって いた ものなのです。

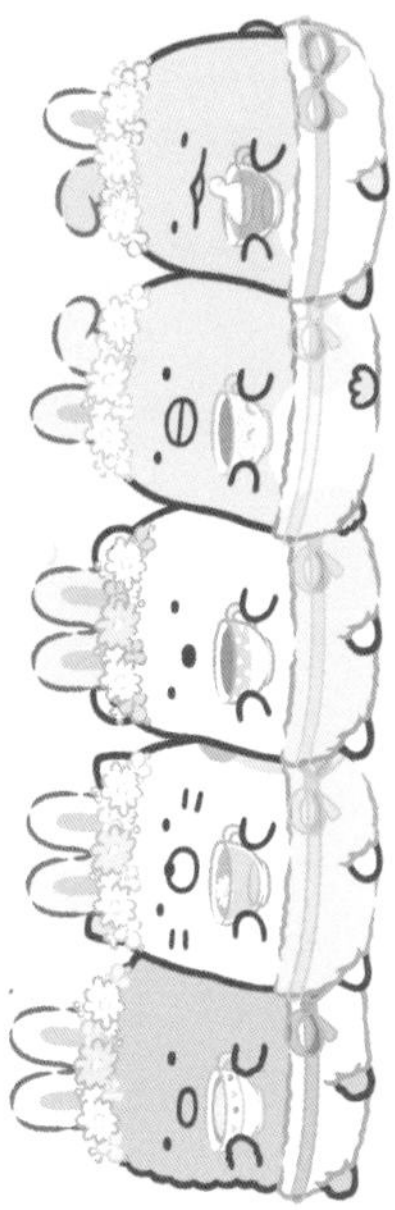

令和4年度版　東京書籍　あたらしい　こくご　一上　114〜119ページ「かいがら」

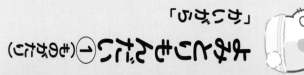

1 かいがらを　ひろって　きたのは　だれですか。

20てん

（　　　）

2 あと　いの　ことばを　いったのは　だれですか。

ひとつ20てん（40てん）

あ（　　　）

い（　　　）

3 おなじ　ものとは、なんの　ことですか。□から　えらんで（　）に　きごうを　かきましょう。

20てん

（　　　）

ア しまもようの　かいがら
イ ももいろの　かいがら
ウ うさぎの　こ

4 ももいろの　かいがらを　にばんめに　きに　いって　いるのは　だれですか。

20てん

（　　　）

# 20 よみとりもんだい②（ものがたり）「やくそく」

がつ　　にち
月　　日　　てん

できたね シール



**つぎの 文しょうを こえに 出して よんで、もんだいに こたえましょう。**

（さんびきの　あおむしたちは　たべる　はっぱを
とりあって　けんかを　して　いました）
　その　ときです。
「うるさいぞ。」
おおきな　木が、ぐらりと　ゆれて　いいました。
「みんな　もっと　うえまで　のぼって、そとの
　せかいを　みて　ごらん。」
あおむしたちは、いわれた　とおりに、
のぼって　いきました。
いちばん　たかい　えだに　つくと、さんびきは
めを　まるく　しました。
この　おおきな　木は、はやしの　なかの　たった
いっぽんだったのです。
「ぼくら、こんなに　ひろい　ところに　いたんだね。」
「そらも、こんなに　ひろいんだね。」
とおくには、うみが　みえます。あおむしたちは、
まだ　うみを　しりません。

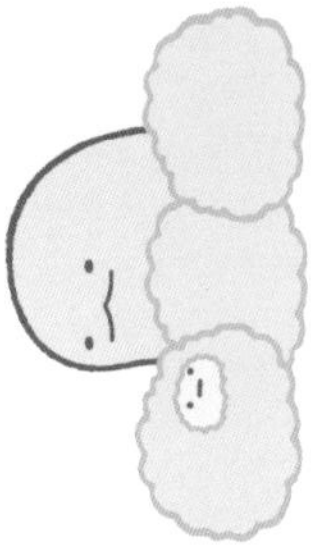

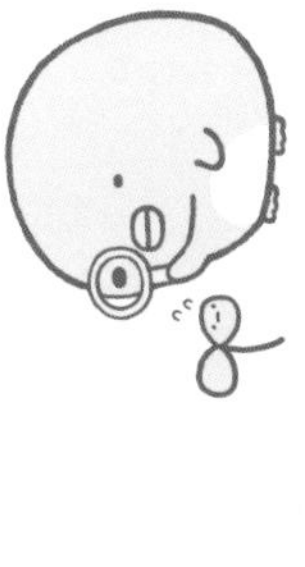

令和4年度版　光村図書　こくご　一上　かざぐるま　104〜111ページ「やくそく」

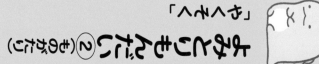

**1** みんな　もっと　うえまで　のぼって、そとの　せかいを　みて　ごらんに　ついて、つぎの　①②の　こたえを　□から　えらんで　（　）に　きごうを　かきましょう。

ひとつ20てん（40てん）

① この　ことばを　いったのは　だれですか。（　　）

② 「みんな」とは　だれの　ことですか。（　　）

| |
|---|
| ㋐ おおきな　木(き) |
| ㋑ あおむしたち |
| ㋒ いちばん　たかい　えだ |

**2** あおむしたちは　どんな　ことに　気(き)づきましたか。

30てん

じぶんたちが　こんなに（　　　）ところに　いた　こと。

**3** 「とおくには、うみが　みえます」と　ありますが　どうして　うみが　みえたのですか。あてはまる　ものに　○を　つけましょう。

30てん

㋐（　）いちばん　たかい　えだに　ついたから。

㋑（　）こんなに　ひろい　ところに　いたから。

㋒（　）めを　まるく　したから。

# 21 よみとりもんだい③（ものがたり）

「サラダで　げんき」

月　日

てん

できたね シール

**つぎの　文しょうを　こえに　出して　よんで、もんだいに　こたえましょう。**

りっちゃんは、おかあさんが　びょうきなので、
なにか　いい　ことを　して　あげたいと
おもいました。
「かたを　たたいて　あげようかな。なぞなぞごっこを
して　あげようかな。くすぐって、わらわせて
あげようかな。でも、もっと
もっと　いい　ことは　ないかしら。
おかあさんが、たちまち　げんきに
なって　しまうような　こと。」
りっちゃんは、いっしょうけんめい　かんがえました。
「あっ、そうだわ。おいしい　サラダを
つくって　あげよう。
げんきに　なる　サラダを
つくって　あげよう。」
りっちゃんは、れいぞうこを　あけて　中を
のぞきました。

令和４年度版　東京書籍　あたらしい　こくご　一下　６～16ページ「サラダで　げんき」

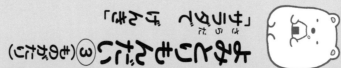

**1** りっちゃんが　おかあさんに　なにか　いい　ことを　して　あげたいと　おもったのは　なぜですか。　20てん

おかあさんが（　　　　　　　　）だから。

**2** りっちゃんは　どんな　いい　ことを　して　あげようと　おもいましたか。　ひとつ15てん（60てん）

①（　　　　　　）を　たたいて　あげる。

②（　　　　　　）ごっこを　して　あげる。

③（　　　　　　）、わらわせて　あげる。

④ おいしい（　　　　　）を　つくって　あげる。

**3** りっちゃんが　れいぞうこを　あけたのは　なぜですか。あてはまる　ものに　○を　つけましょう。　20てん

㋐（　）おやつを　たべる　ため。

㋑（　）おかあさんに　サラダを　つくって　あげる　ため。

㋒（　）おかあさんの　かわりに　ごはんを　つくる　ため。

## 22 よみとりもんだい④（せつめい文）

「どう やって みを まもるのかな」

月　日　　てん

できたね シール

**つぎの 文しょうを こえに 出して よんで、もんだいに こたえましょう。**

これは、やまあらしです。

やまあらしの せなかには、ながくて かたい とげが あります。

どのように して みを まもるのでしょう。

やまあらしは、とげを たてて、みを まもります。

てきが きたら、うしろむきに なって、とげを たてます。

これは、あるまじろです。

あるまじろの からだの そとがわは、かたい こうらに なって います。

どのように して みを まもるのでしょう。

あるまじろは、からだを まるめて、みを まもります。

てきが きたら、こうらだけを みせて、じっと して います。

令和４年度版　東京書籍　あたらしい こくご 一上　70〜76ページ「どうやって みを まもるのかな」

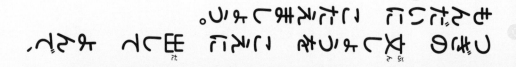

**1** やまあらしの　せなかには　ながくて　かたい　なにが　ありますか。（15てん）

（　　　　　　　　）

**2** あるまじろの　からだの　そとがわは　かたい　なにに　なって　いますか。（15てん）

（　　　　　　　　）

**3** やまあらしは　どう　やって　みを　まもりますか。あてはまる　ものに　○を　つけましょう。（15てん）

㋐（　　）うしろむきに　なって　とげを　たてる。

㋑（　　）まえむきに　なって　とげを　たてる。

㋒（　　）うしろむきに　なって　とげを　しまう。

**4** あるまじろは　どう　やって　みを　まもりますか。あてはまる　ものに　○を　つけましょう。（15てん）

㋐（　　）うしろむきに　なって　とげを　たてる。

㋑（　　）こうらだけを　みせて　じっとして　いる。

㋒（　　）こうらを　かくして　じっとして　いる。

**5** この　文（ぶん）しょうは　なにについて　かかれて　いますか。（　　）に　かきましょう。（ひとつ20てん（40てん））

（　　　　　　　　）と　あるまじろの

みの（　　　　　　　　）について。

# 23 よみとりもんだい⑤（せつめい文）

## 「うみの　かくれんぼ」

月　　日　　てん

できたね シール



つぎの　文しょうを　こえに　出して　よんで、もんだいに　こたえましょう。

　はまぐりが、すなの　なかに
かくれて　います。
　はまぐりは、大きくて
つよい　あしを　もって　います。
すなの　なかに　あしを　のばして、
すばやく　もぐって　かくれます。
　たこが、うみの　そこに
かくれて　います。
　たこは、からだの　いろを
かえる　ことが　できます。
まわりと　おなじ　いろに　なって、
じぶんの　からだを　かくします。

令和４年度版　光村図書　こくご　かざぐるま　一上
114～118ページ「うみの　かくれんぼ」

**1** はまぐりは　どこに　かくれて　いますか。　10てん

（　　　　　　　　　　）

2 はまぐりは　どんな　あしを　もって　いますか。　10てん

（　　　　　　　　）あし

3 はまぐりは　どのように　して　かくれますか。　ひとつ15てん（30てん）

（　　　　　　　　）の　なかに　あしを

のばして、すばやく（　　　　　　　　）かくれる。

4 たこは　どこに　かくれて　いますか。　10てん

うみの（　　　　　　　　）

5 たこは　なにを　かえる　ことが　できますか。　10てん

からだの（　　　　　　　　）

6 たこは　どのように　して　かくれますか。　ひとつ15てん（30てん）

まわりと（　　　　　　　　）いろに　なって、

じぶんの（　　　　　　　　）を　かくす。

# 24 よみとりもんだい⑥（せつめい文）

「いろいろな　ふね」

月　日

てん

つぎの　文しょうを　こえに　出して　よんで、もんだいに　こたえましょう。

きゃくせんは、たくさんの　人を　はこぶ　ための
ふねです。
この　ふねの　中には、きゃくしつや　しょくどうが
あります。
人は、きゃくしつで　休んだり、しょくどうで
しょくじを　したり　します。
フェリーボートは、たくさんの　人と　じどう車を
いっしょに　はこぶ　ための　ふねです。
この　ふねの　中には、きゃくしつや　車を　とめて
おく　ところが　あります。
人は、車を　ふねに　入れてから、きゃくしつで
休みます。

令和4年度版　東京書籍　あたらしい　こくご　一下　44〜48ページ「いろいろな　ふね」

**1** きゃくせんは　なにを　する　ための　ふねですか。　10てん

たくさんの（　　　　　　　　）を　はこぶ　ための　ふね。

できたね　シール

**2** きゃくせんの　中(なか)には　なにが　ありますか。二(ふた)つ　かきましょう。

ひとつ10てん（20てん）

（　　　　　）（　　　　　）

**3** フェリーボート(ふぇりいぼおと)は　なにを　する　ための　ふねですか。

ひとつ10てん（20てん）

たくさんの（　　　　　）と（　　　　　）を

いっしょに　はこぶ　ための　ふね。

**4** フェリーボート(ふぇりいぼおと)の　中(なか)には　なにが　ありますか。二(ふた)つ　かきましょう。

ひとつ10てん（20てん）

（　　　　　）

（　　　　　）を　とめておく　ところ。

**5** それぞれの　ふねで　人(ひと)は　どんな　ことを　しますか。•——•で　むすびましょう。

ひとつ15てん（30てん）

きゃくせん　•　　　　•　車(くるま)を　ふねに　入(い)れてから、きゃくしつで　休(やす)む。

フェリーボート(ふぇりいぼおと)　•　　　　•　きゃくしつで　休(やす)んだり、しょくどうで　しょくじを　したり　する。

# 25 よみとりもんだい⑦（し）「みみずの　たいそう」

月　日

てん

できたね シール

つぎの　しを　こえに　出して　よんで、もんだいに　こたえましょう。

みみずの　たいそう

かんざわ　としこ

つちの　なかから　とびだして
みみずの　たいそう
ぴん　ぴこ　ぴん
もつれて　のびて
もつれて　のびて
そら　げんきよく
ぴん　ぴこ　ぴん
あさの　くうきを
いっぱい　すって
みみずの　たいそう
ぴん　ぴこ　ぴん
はりきり　はじけて
はねすぎて
ちきゅうの　そとへ
ぴん　ぴこ
ぴいん

令和4年度版　東京書籍　あたらしい　こくご　一下　86〜87ページ「みみずの　たいそう」

1 みみずは　どこから　とびだしましたか。 25てん

（　　　　）の　なかから。

2 「ぴん　ぴこ　ぴん」は　どんな　ようすを　あらわして　いますか。あてはまる　ものに　○を　つけましょう。 25てん

㋐（　）げんきよく　はねて　いる　ようす。

㋑（　）おちついて　じっとして　いる　ようす。

㋒（　）つちの　なかに　もぐる　ようす。

3 みみずは　なにを　すいましたか。 25てん

あさの（　　　　）

4 みみずは　はねすぎると　どこへ　いきますか。あてはまる　ものに　○を　つけましょう。 25てん

㋐（　）つちの　なか。

㋑（　）つちの　そと。

㋒（　）ちきゅうの　そと。

## よみとりもんだい⑧(し)
「あさの　おひさま」

がつ 月　にち 日

てん

できたね シール



**つぎの　しを　こえに　出(だ)して　よんで、もんだいに　こたえましょう。**

あさの　おひさま

あさの　おひさま
おおきいな
のっこり　うみから
おきだした
あさの　おひさま
あかい　かお
ざぶんと　うみで
あらったよ

令和４年度版　光村図書　こくご　一上
かざぐるま　26～27ページ「あさの　おひさま」

**1**　「のっこり　うみから　おきだした」のは　だれですか。

20てん

（　　　　　　　　　　　　）

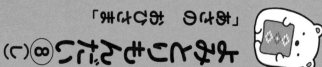

**② あさの　おひさまは　どんな　「かお」を　して　いますか。**

20てん

（　　　　　　）かお

**③ おひさまは　「かお」を　うみで　どう　しましたか。**

ひとつ20てん（40てん）

（　　　　　　）と　うみで（　　　　　　）

**④ この　しを　よんで　どんな　ようすが　おもいうかびますか。あてはまる　ものに　○を　つけましょう。**

20てん

㋐（　）おおきな　おひさまが　うみから　のぼる　ようす。

㋑（　）おおきな　おひさまが　うみに　しずむ　ようす。

㋒（　）おひさまが　ねて　いる　うみを　おこして　いる　ようす。

27

# まとめの テスト①

文しょうの くみ立て①

月　日

てん

できたね シール

## 1 つぎの 文を こえに 出して よんで、「なにが」や 「なには」に あたる ことばを （　）に かきましょう。

ひとつ10てん（20てん）

① いぬが はしる。
（　　）

② さとうは あまい。
（　　）

## 2 つぎの 文を こえに 出して よんで、「だれが」や 「だれは」に あたる ことばを （　）に かきましょう。

ひとつ10てん（20てん）

① おとうとが なく。
（　　）

② せんせいは やさしい。
（　　）

## 3 つぎの 文を こえに 出して よんで、「なにを」に あたる ことばを （　）に かきましょう。

ひとつ10てん（20てん）

① しろくまが おちゃを のむ。
（　　）

② にせつむりは からを かぶった なめくじです。
（　　）

## 4 つぎの 文(ぶん)しょうを こえに 出(だ)して よんで、（　）に あう ことばを かきましょう。

ひとつ10てん（40てん）

①

いぬの 赤(あか)ちゃんが うまれました。
みんなが よろこびました。

うまれたのは、いぬの（　　　　）です。

よろこんだのは（　　　　）です。

②

ともだちは おだんごを たべました。わたしは
いもうとと いっしょに ケ(け)ー(え)キ(き)を たべました。

ともだちが たべたのは（　　　　）です。

いもうとが たべたのは（　　　　）です。

# まとめの テスト②

文しょうの くみ立て②

月　日

てん

できたね シール



## 1 つぎの 文を こえに 出して よんで、「いつ」に あたる ことばを （　　） に かきましょう。

ひとつ10てん（20てん）

① おひるやすみに、ともだちと なわとびを しました。　（　　　　）

② お正月に お年玉を もらいました。　（　　　　）

## 2 つぎの 文を こえに 出して よんで、「どこで」に あたる ことばを （　　） に かきましょう。

ひとつ10てん（20てん）

① としょかんで 本を かりる。　（　　　　）

② けしゴムを おみせで かう。　（　　　　）

## 3 つぎの 文を こえに 出して よんで、「どうする」や 「どうした」に あたる ことばを （　　） に かきましょう。

ひとつ10てん（20てん）

① あさ、パンを たべる。　（　　　　）

② 先生が ともだちを ほめた。　（　　　　）

## 4 つぎの　文しょうを　こえに　出して　よんで、（　）に　あう　ことばを　かきましょう。

ひとつ10てん（40てん）

①

きょうは、いもうとの　たん生日です。らい年、いもうとは　六さいに　なります。

いもうとが　六さいに　なるのは（　　　　）の　たん生日です。

②

ぼくは、校ていで　ともだちと　サッカーを　しました。そして、いえで　しゅくだいを　しました。

ぼくは（　　　　）で　しゅくだいを　しました。

③

わたしは、おみせまで　あるきました。そして、おかしを　かいました。

わたしは、（　　　　）で

おかしを（　　　　）。

SUMIKKO
GURASHI™
Strawberry fair at
Kissa Sumikko

# 29 まとめの テスト③
文しょうの くみ立て③

月　日　　てん　　できたね シール

## 1 正しいほうの 文字を えらんで、◯で かこみましょう。
ひとつ10てん（30てん）

① ともだち（で／の）いえで あそぶ。

② えんぴつ（は／で）かく。

③ せんせい（の／に）おそわる。

## 2 あとに つづく 正しい 文を えらんで、（　）に ◯を かきましょう。
ひとつ15てん（30てん）

① さんすうが にがてです。
- （　）でも、がんばって べんきょうします。
- （　）そして、がんばって べんきょうします。

② ころんで けがを しました。
- （　）なぜなら、びょういんへ いきました。
- （　）だから、びょういんへ いきました。

TOASTER

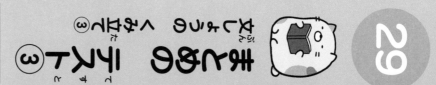

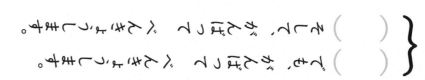

## 3 文しょうが　つながるように　□から　ことばを　えらんで、（　）に　かきましょう。

ひとつ10てん（20てん）

① 雨が　ふって　きました。（　　　）、かさを　さしました。

だから・でも

② ねむく　なりました。（　　　）、おひるねは　しませんでした。

でも・そこで

## 4 つぎの　文しょうを　こえに　出して　よんで、もんだいに　こたえましょう。

ひとつ10てん（20てん）

きょうかしょが　見つかりません。
［①］、おどうぐばこの　中を　さがしました。
［②］、ランドセルの　中を　さがしました。

① ［①］に　あう　ことばを　つぎの　□から　えらんで　○で　かこみましょう。

まず・ところで

② ［②］に　あう　ことばを　つぎの　□から　えらんで　○で　かこみましょう。

すると・つぎに

# まとめの テスト④

みじかい 文しょうの よみとり①

月　日

てん

できたね シール



**1** つぎの 文を こえに 出して よんで、（　　）に あう ことばを かきましょう。

ひとつ14てん（28てん）

①

> わたしは 大きな おもちゃを、いもうとは 小さな おもちゃを かって もらいました。

いもうとが かって もらったのは どんな おもちゃですか。

（　　　　　　　　　　）おもちゃ

②

> おとうとは 青い ランドセルを しょって、白い くつを はいて います。

おとうとは どんな くつを はいて いますか。

（　　　　　　　　　　）くつ

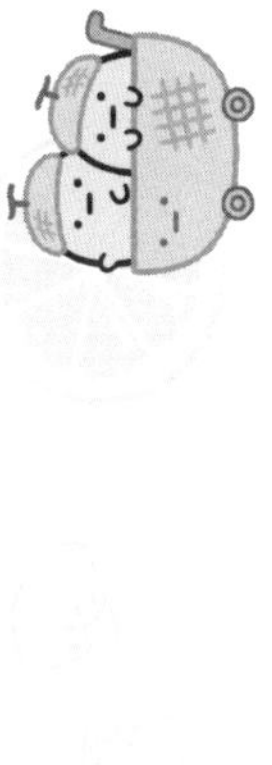

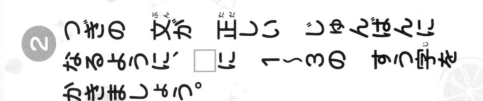

**2** つぎの　文(ぶん)が　正(ただ)しい　じゅんばんに
なるように、□に　1～3の　すう字(じ)を
かきましょう。

①

1…たからものです。
2…これが
3…ぼくの

□ → □ → □

ひとつ8てん（24てん）

②

1…ともだちの
2…たん生日(じょうび)です。
3…あしたは

□ → □ → □

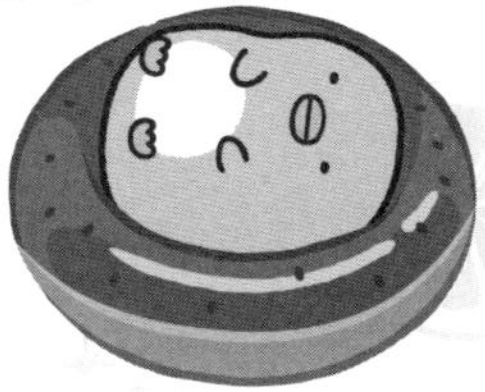

ひとつ8てん（24てん）

③

1…あの　おみせの
2…たべたい。
3…おかしが

□ → □ → □

ひとつ8てん（24てん）

# まとめの テスト⑤

## みじかい 文しょうの よみとり②

月　日

てん

できたね シール

**1** つぎの 文を こえに 出して よんで、どんな 気もちかを えらび（　）に ○を かきましょう。

15てん

これから はいしゃさんに いくので とても どきどきして います。

（　）たのしみに して いる。
（　）きんちょうして いる。
（　）がっかりして いる。

**2** つぎの 文しょうを こえに 出して よんで、（　）に あてはまる ことばを かきましょう。

ひとつ20てん（40てん）

ねこは、はずかしがりやで けんきょな せいかくです。いつも まわりに きを つかって います。

※「けんきょ」は、ひかえめで すなおな ことです。

① この 文しょうに 出てくる すみっコは だれですか。

（　　　　）

② ねこは どんな せいかくですか。

（　　　　）で けんきょな せいかく。

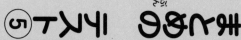

**3** つぎの　文(ぶん)しょうが　正(ただ)しい　じゅんばんに　なるように、□に　1～3の　すう字(じ)を　かきましょう。

①

1……うみへ　いくのは　やめました。
2……なつやすみに、うみへ　いく　はずでした。
3……しかし、けがを　して　しまったので、

□ → □ → □

ひとつ5てん（15てん）

②

1……やがて、お日(ひ)さまが　出(で)て　きたので、
2……雨(あめ)が　やみました。
3……みんなで、校(こう)ていで　あそびました。

□ → □ → □

ひとつ5てん（15てん）

③

1……おかしが　たべたく　なりました。
2……おかしを　たべない　ことに　しました。
3……でも、もうすぐ　夕(ゆう)はんの　じかんなので、

□ → □ → □

ひとつ5てん（15てん）

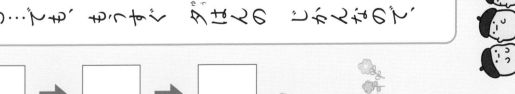

# まとめの テスト⑥
## みじかい 文しょうの よみとり③

月　日

てん

できたね シール



**1** つぎの 文しょうを こえに 出して よんで、（　　）に あてはまる ことばを □から えらんで かきましょう。

ひとつ20てん（40てん）

> とかげが たいせつに して いる、しろくまが つくって くれた ぬいぐるみが ほつれちゃった。
> そこで、しろくまが なおして あげる ことに しました。

※「ほつれちゃった」は、ぬった ところが ほどけてしまったと いう こと。

① ぬいぐるみを たいせつに して いるのは どの すみっコですか。

（　　　　　　　　　　）

② ぬいぐるみを なおして あげるのは どの すみっコですか。

（　　　　　　　　　　）

| にせつむり・しろくま・とかげ |
|---|

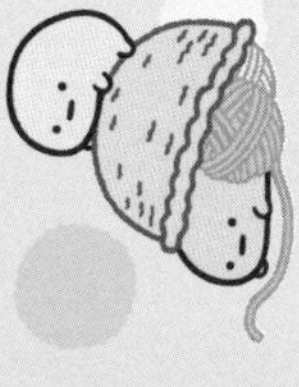

## ② つぎの 文しょうを こえに 出して よんで、（　）に あてはまる ことばを □から えらんで かきましょう。

ひとつ20てん（60てん）

さむがりの しろくまが いつものように さむがって いると、ぽかぽかと あったかそうに ねむる ねこが 目に はいりました。
ねこが うらやましかった しろくまは、あったかそうな ねこの きぐるみを かって きました。

※「きぐるみ」は、人が きられるような 大きな ぬいぐるみ。

① あったかそうに ねむって いるのは どの すみっコですか。

（　　　　　　）

② さむがりなのは どの すみっコですか。

（　　　　　　）

③ ねこの きぐるみを かって きたのは どの すみっコですか。

（　　　　　　）

ぺんぎん?・しろくま・ねこ

33

# まとめの テスト⑦

ものがたり

月　日

てん

できたね シール

## つぎの 文しょうを こえに 出して よんで、もんだいに こたえましょう。

（おかみさんが 糸車を まわして いると、
いたずらずきの たぬきが おかみさんの まねを
して いる ようすが しょうじに うつりました）

　おかみさんは おもわず ふき出しそうに
なりましたが、だまって 糸車を まわして いました。

　それからと いう もの、たぬきは、まいばん
まいばん やって きて、糸車を まわす まねを
くりかえしました。

「いたずらもんだが、かわいいな。」

　ある ばん、こやの うらで、キャーッと いう
さけびごえが しました。
おかみさんが こわごわ いって みると、いつもの
たぬきが、わなに かかって いました。
「かわいそうに。わなに なんか かかるんじゃ ないよ。
たぬきじるに されて しまうで。」
おかみさんは、そう いって、たぬきを にがして
やりました。

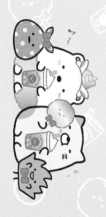

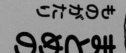

令和4年度版　光村図書　こくご　一下　ともだち　74～83ページ「たぬきの　糸車」

## 1 いたずらもんだが、かわいいなに ついて つぎの ①と ②の こたえを（　　）に かきましょう。

ひとつ30てん（60てん）

① この ことばを いったのは だれですか。

（　　　　）

② 「いたずらもん」とは だれの ことですか。

（　　　　）

## 2 たぬきが わなに かかったのは いつの ことですか。□から えらんで（　）に かきましょう。

20てん

（　　　　）

あさ・ひる・ばん

## 3 おかみさんは どうして たぬきを にがして やったのですか。あてはまる ものに ○を つけましょう。

20てん

㋐（　）たぬきが いたずらずきだから。

㋑（　）たぬきが かわいそうだと おもったから。

㋒（　）たぬきが 糸車（いとぐるま）を まわしたから。

# 34  まとめの テスト⑧

せつめい文



つぎの 文しょうを こえに 出して よんで、もんだいに こたえましょう。

　ライオンの 赤ちゃんは、生まれた ときは、子ねこぐらいの 大きさです。目や 耳は、とじた ままです。ライオンは、どうぶつの 王さまと いわれます。けれども、赤ちゃんは、よわよわしくて、おかあさんに あまり にて いません。

　ライオンの 赤ちゃんは、じぶんでは あるく ことが できません。よそへ いく ときは、おかあさんに、口に くわえて はこんで もらうのです。

　ライオンの 赤ちゃんは、生まれて 二か月ぐらいは、おちちだけ のんで いますが、やがて、おかあさんの とった えものを たべはじめます。一年ぐらい たつと、おかあさんや なかまが するのを 見て、えものの とりかたを おぼえます。そして、じぶんで つかまえて たべるように なります。

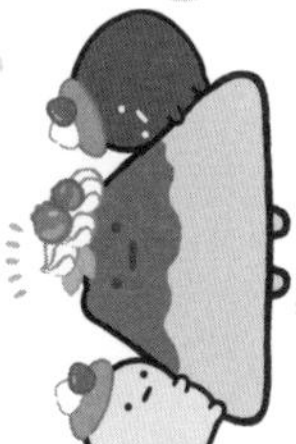

令和４年度版　光村図書　こくご　一下　ともだち　92～97ページ「どうぶつの 赤ちゃん」

**1** ライオンの 赤ちゃんは 生まれた とき、どれくらいの 大きさですか。こたえを（　）に かきましょう。　10てん

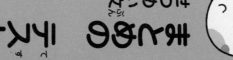

（　　　　　　　　　　　　　　　　）ぐらい

**2** ライオンは　なんと　いわれて　いますか。こたえを（　　）に　かきましょう。

10てん

どうぶつの（　　　　　）

**3** ライオンの　赤ちゃんは　どう　やって　よそへ　いきますか。こたえを（　）に　かきましょう。

ひとつ10てん（20てん）

おかあさんに（　　　　　）に

（　　　　　）はこんで　もらう。

**4** ライオンの　赤ちゃんは　生まれて　どれくらいで　なにを　しますか。・——・で　むすびましょう。

ひとつ30てん（60てん）

生まれて　二か月ぐらい　・　　・えものの　とりかたを　おぼえる。

生まれて　一年ぐらい　・　　・おちちだけ　のんで　いる。

# 35 まとめの テスト⑨ し

月　日

てん

できたね シール



つぎの しを こえに 出して よんで、もんだいに こたえましょう。

㋐

かたつむりの ゆめ

かたつむり でんきち

あのね ぼく
ゆめの なかでは ね
ひかりのように はやく
はしるんだよ

㋑

はちみつの ゆめ

こぐま きょうこ

とうみんしてる とき
わたしは しんしん ゆめを みる
はちみつ いりの つぼ だいて
あまい おかしを
つくる ゆめ

令和4年度版 光村図書 こくご 一下 ともだち 68～69ページ
「かたつむりの ゆめ」「はちみつの ゆめ」

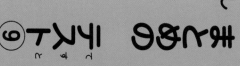

DOG FOOD

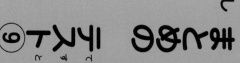

## 1

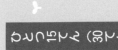

ⓐの　しては　ゆめの　なかで　どのように
はしりますか。こたえを（　）に
かきましょう。

ひとつ15てん（30てん）

（　　　　）のように（　　　　）はしる。

## 2

「ひかりのように」と　ありますが、
「のように」を　つかった　ひょうげんを
かんせいさせて、・――・で　むすびましょう。

ひとつ15てん（45てん）

| | |
|---|---|
| 石のように　・ | ・　白い |
| ゆきのように　・ | ・　かたい |
| 山のように　・ | ・　たかい |

## 3

ⓘの　しては　ゆめの　なかで　なにを
つくりますか。こたえを（　）に
かきましょう。

10てん

あまい（　　　　）を　つくる。

## 4

二つの　しては　どんな　ことが　えがかれて
いますか。あてはまる　ものに　○を
つけましょう。

15てん

ア（　）すぐに　かなう　こと。
イ（　）とても　かないそうに　ない　こと。

# こたえあわせ

4～6ページ(ぺえじ)は、
こたえを　はぶいて　います。

★おうちの方は「解説」を参考に○をつけてあげてください。

## 2 文(ぶん)しょうの　かきうつし②
7ページ(ぺえじ)

❷ ②

れい

わたしのすきなどう
ぶつは、いぬとうさぎ
です。
わたしのすきなきょ
うかは、さんすうとお
んがくです。

**解説**

▼書き写す前に、必ず音読をさせましょう。小学校低学年頃までの言葉の習得は、音声言語がメインです。おうちの方がまずお手本で読んであげると、文字を追っているだけの〝ロボット読み（棒読み）〟が減っていきます。

▼文章の読解問題は、一文字一文字ていねいに読み進める精読が大切です。お手本をしっかり見て書き写すことで、一文字一文字をきちんと見るクセがつきます。また、「○○は△△だ」といった主語・述語（主語・述語という言葉は2年生で習います）の並びや、句読点の入り方など、基本的な文の構造を自然と理解し身につけることができます。お子さんの好きな絵本などを書き写してみてもいいですね。

## 3 、。「」の　つかいかた
8・9ページ(ぺえじ)

❶ ①ねこが、パン(ぱん)を　たべて　います。

②ぺんぎん？は、本(ほん)を　よみました。

③とんかつと　えびふらいのしっぽは、
いっしょに　パン(ぱん)を　つくって　います。

❷ ①あしたの　天気(てんき)は、雨(あめ)です。

②バス(ばす)には、たくさんの　人(ひと)が　のって
います。

※ふりがなは　かかなくて　かまいません。

❸ ①おかあさんは、
「しゅくだいを　やりなさい。」

と、いいました。

②先生(せんせい)に、
「おはようございます。」

と、大(おお)きな　こえで　あいさつしました。

❹ ①ともだちに、
「いっしょに　あそぼう。」

と、いいました。

②先生(せんせい)は、
「ちこくを　しないように。」

と、ちゅういしました。

**解説**

▼句点（。）は文の終わりに打ちます。「　」は文の中で誰かが話した言葉につけます。読点（、）の打ち方には厳格なルールはありませんが、①接続詞のあとに打つ（例：公園へ行きました。しかし、誰もいませんでした。）②文と文を分けるところに打つ（例：おじいさんは山へしば刈りに、おばさんは川へ洗濯に行きました。）③同じ意味の単語を区切るとき（例：信号の色は、赤、青、黄色です。）などがあります。

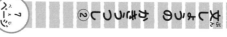

## 4 文しょうの　くみ立て①
「なにが」「なには」の　ことば

10・11ページ

❶ ①花が　さきました。
②犬が　あるく。
③そとは　あつい。

❷ ①とり（が）　②コップ（が）　③校てい（は）

❸ ①雨　②にじ（大きな　にじ）

❹ ①かぜ　②はっぱ

※ふりがなは　かかなくて　かまいません。

## 5 文しょうの　くみ立て②
「だれが」の　ことば

12・13ページ

❶ ①しろくまが　およぐ。
②ぺんぎん?が　はしる。
③ねこが　うかんで　います。

❷ ①おかあさん（が）　②おとうさん（が）
③わたし（は）

❸ ①ともだち　②わたし

❹ ①先生　②わたし

※ふりがなは　かかなくて　かまいません。

**解説**
▼10〜13ページは、主語（文の主役となる人や物）にあたる部分を抜き出す問題です。動きや状態を表しているのが誰（何）かを見つけることがポイントです。

## 6 文しょうの　くみ立て③
「なにを」の　ことば

14・15ページ

❶ ①先生が　プリントを　くばる。
②わたしは　えを　かきました。
③ともだちが　ボールを　なげる。

❷ ①ごはん（を）　②ケーキ（を）　③ゲーム（を）

❸ ①ずかん　②え本

❹ ①ドッジボール　②おりがみ

※ふりがなは　かかなくて　かまいません。

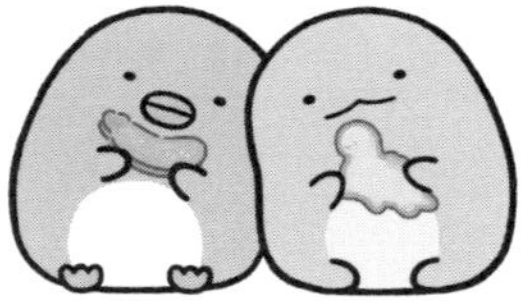

## 7 文しょうの くみ立て④ 「いつ」の ことば
16・17ページ

❶
①きのう、ともだちと あそんだ。
②四月に、二年生に なります。
③よる、かぞくで テレビを 見る。

❷ ①あさ ②きょう ③ふゆ

❸ ①きのう ②きょう

❹ ①十月 ②十一月

※ふりがなは かかなくて かまいません。

## 8 文しょうの くみ立て⑤ 「どこで」の ことば
18・19ページ

❶
①としょかんで 本を よむ。
②どんぐりを こうえんで 見つける。
③きのう、ともだちと プールで およいだ。

❷ ①ろうか（で） ②へや（で） ③スーパー（で）

❸ ①校てい ②パンやさん

❹ こうえん

※ふりがなは かかなくて かまいません。

**解説**
▼14～19ページは、「いつ」「どこで」「なにを」を抜き出す問題です。修飾語という言葉は3年生で習いますので、ここでは、〝文をよりわかりやすくする言葉〟として説明すると、理解しやすくなります。並び方は、「いつ」「どこで」「誰（何）が」「何を」「どうした」が基本であることを伝えておくと、日記の宿題のときにも役に立ちます。

## 9 文しょうの くみ立て⑥ 「どうする」「どうした」の ことば
20・21ページ

❶
①  チューリップが（さく）。
②  雨が（ふる）。
③  とりが（とぶ）。

❷
①おさらが われた。
②わたしは ノートを かう。
③えんぴつの しんが おれた。

❸ ①ほえる ②ふった ③はなした

❹ ①たべました ②のみました

**解説**
▼述語にあたる言葉を抜き出す問題です。動作を表す言葉が「どうする」や「どうした」であることを教えてあげると、答えを導きやすくなります。

## 10 文(ぶん)しょうの くみ立(た)て⑦ つなぎの ことば①

22・23ページ

**1**
① わたし（（の） で）ランドセル。
② えのぐ（（で） は）かく。
③ ともだち（（と） に）あそぶ。

**2** ①を ②に ③で ④と ⑤の ⑥が

**3**
① ぼく（（は） わ）サッカーが とくいです。
② ともだちに て（（を） お）ふります。
③ いもうと（（を） お）こうえん（（へ） え）つれていく。

**解説**

▼単語と単語をつなぐ、つなぎ言葉の問題です。特に**3**の「は・わ」「お・を」「え・へ」の問題はとても間違えやすいので、使い分けをしっかり定着させましょう。文中の単語(ぼく、でんわ、いもうと、がっこう）を意識させると、理解が深まります。

## 11 文(ぶん)しょうの くみ立(た)て⑧ つなぎの ことば②

24・25ページ

**1**
① （ ）しかし、かさを さします。
（○）だから、かさを さします。
② （○）でも、がんばって たべます。
（ ）なぜなら、がんばって たべます。

**2** ①だから ②でも

**3** ①しました ②きました

**4** ①だから ②すると

**解説**

▼文と文をつなぐ言葉（接続詞）の問題です。それぞれのつなぎ言葉のあとの文が、どのように展開するかを考えさせましょう。「でも」や「しかし」は、後ろに続く文が〝前の文とは予想外の結果や展開〟になります。「だから」は、後ろに〝当然の結果が続く〟ことになります。「なぜなら」は、後ろに続く文が〝前の文の出来事の理由になる〟ことになります。

## 12 みじかい 文しょうの よみとり① ようすの ことば① 26・27ページ

❶ ①赤い ②まるい ③つよい

❷ ①えんぴつが ながい。

②ふかい プール。

③ランドセルが おもい。

❸ ①ひろい ②つよい ③あまい

❹ ①大きな ②ピンクいろの

※ふりがなは かかなくて かまいません。

## 13 みじかい 文しょうの よみとり② ようすの ことば② 28・29ページ

❶ ①ほしが きらきら ひかる。

②かぜが そよそよ ふく。

③ドアを どんどん たたく。

❷ ①とても ②にこにこ ③ゆっくり

❸ ①かみなり ②雨

❹ ほっと

※ふりがなは かかなくて かまいません。

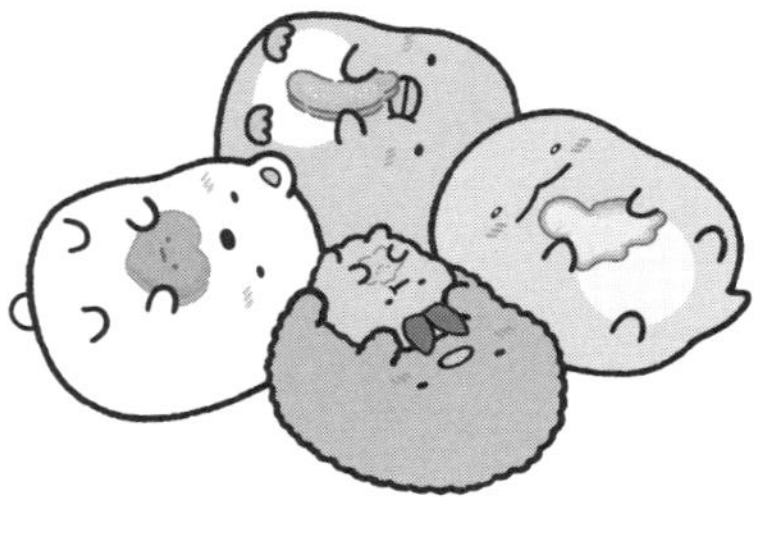

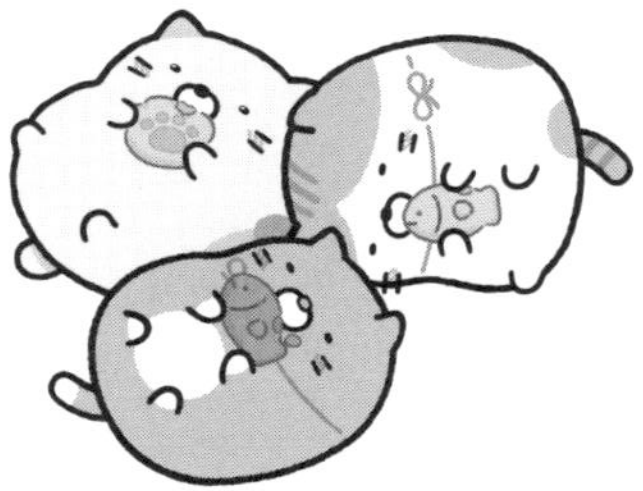

## 14 みじかい 文しょうの よみとり③ うごきを あらわす ことば 30・31ページ

❶

①

ぺんぎん?が ごはんを （たべる／のむ）。 答え：たべる

②

とかげが （あるく／ねる）。 答え：ねる

③

ねこが ほんを （よむ／はしる）。 答え：よむ

❷ ①ける ②のぼる ③およぐ

❸ ①うたう・のむ ②ひろう・もつ

③はしる・とびはねる

❹ ①のる ②かく

Patisserie Sumikko
じ～

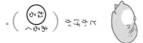

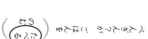

## 15 みじかい 文しょうの よみとり④ 気もちを あらわす ことば 32・33ページ

❶ ①うれしい ②かなしい

❷
（　）かなしんで いる。
（○）たのしみに して いる。
（　）がっかり して いる。

❸ ①しょんぼり ②とびはねた

❹ ほめてくれた

**解説**

▼26～33ページの、様子を表す言葉や動きの言葉は、文中の人物の気持ちや場面を想像するときのヒントになります。また、作文を書くときや話をするときにも、相手にわかりやすく伝えるための表現としてとても重要ですので、他にどのような言葉があるか、遊びや暮らしの中からたくさん見つけてみてください。

## 16 みじかい 文しょうの よみとり⑤ 文しょうの じゅんばん 34・35ページ

❶
（　）パンきょうしつに いくことに しました。
（○）お気に入りの パンが やけました。
（　）パンが ぜんぶ こげて しまいました。

❷
①2→1→3
②2→3→1
③3→1→2

**解説**

▼文の構造は、いつ・どこで・誰が（何が）・何を・どうした、が基本です。必ずしも全てが入っているわけではありませんが、話の流れを読み解くときのヒントにするといいことを伝えてあげてください。「そこで」や「しかし」は、前の文と後ろの文の展開がどうなったかを考えて解くように声をかけてあげてください。

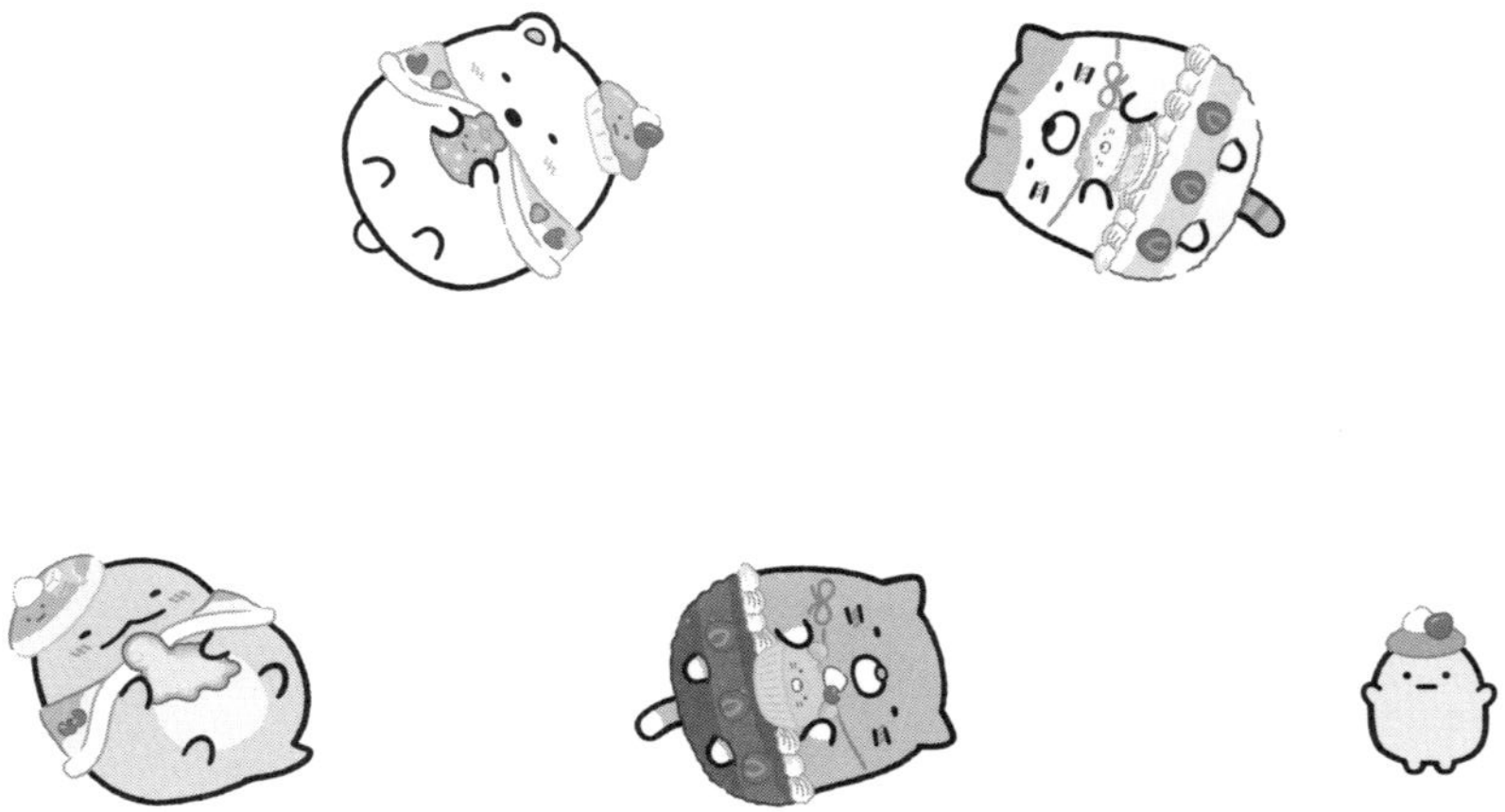

## 17 みじかい 文(ぶん)しょうの よみとり⑥ せつめい文(ぶん)の よみとり①

36・37ページ

❶ ① とかげ・しろくま・(ねこ)

② おいしそう

③ (　) さみしい きもち。

(○) たのしみな きもち。

(　) かなしい きもち。

❷ ① かたつむり・(にせつむり)・とかげ

② から

③ かたつむり

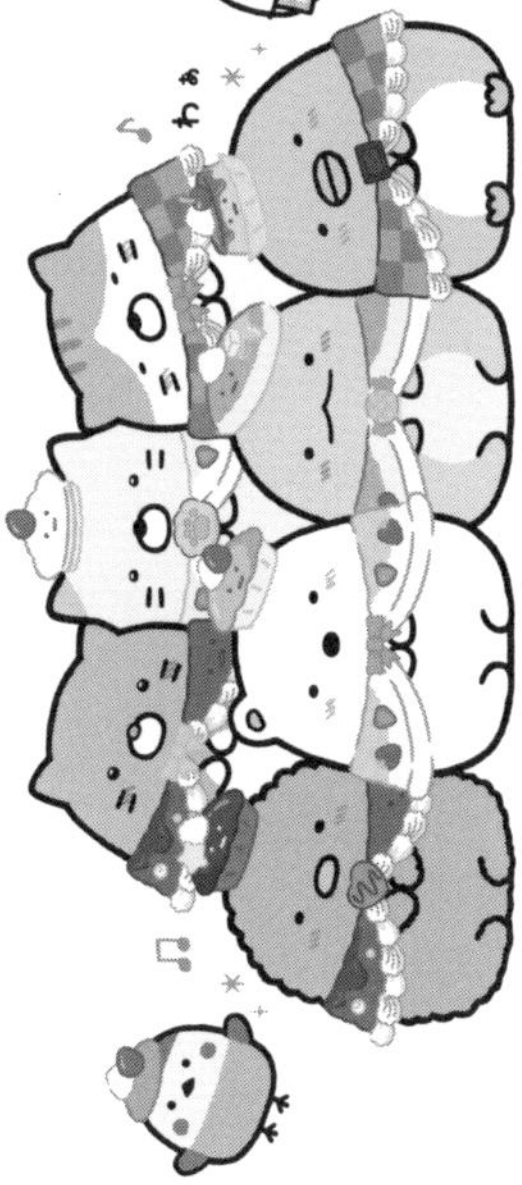

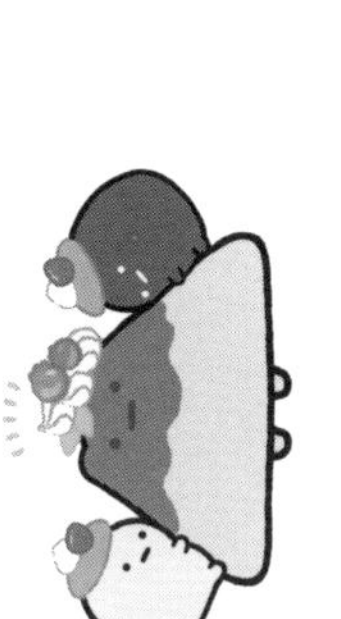

## 18 みじかい 文(ぶん)しょうの よみとり⑦ せつめい文(ぶん)の よみとり②

38・39ページ

❶ ① あさがお　② なつ

③ さいて・しぼむ

❷ ① おかあさん・(おとうと)・おじいさん

② こうえん

③ (　) さみしく なったから。

(　) ともだちと けんかを したから。

(○) 雨(あめ)が ふって きたから。

**解説**

▼36〜39ページの説明文の読み取りは、「何について書かれている文章か」を理解することが大切です。まずは、「なにが どうした」にあたる言葉を探し、その部分に線を引いたり○をつけるといいことを伝えてあげてください。

## 19 よみとりもんだい① （ものがたり）「かいがら」 40・41ページ

❶ くまのこ

❷ ㋐うさぎのこ

㋑くまのこ

❸ ㋐

❹ くまのこ

**解説**

▼物語の読み取りは、場面を想像しながら読み進めることがポイントです。特に、「　」の部分は誰のセリフなのかわからなくなりやすいので、登場人物を整理させることが大切です。登場キャラクターがくまとうさぎちゃんのふたりであり、どちらがどちらに質問をしているかがわかれば、❷の答えを導けます。㋐のセリフの前に「うさぎちゃん、どれがすき。」とあることから、質問の主がくまであることがわかります。㋑のセリフは、㋐のセリフを受けたあとの感想なので、質問主のくまのセリフであることがわかります。

## 20 よみとりもんだい② （ものがたり）「やくそく」 42・43ページ

❶ ①㋐

②㋑

❷ ひろい

❸ ㋐（〇）いちばん　たかい　えだに　ついたから。

㋑（　）こんなに　ひろい　ところに　いたから。

㋒（　）めを　まるく　したから。

**解説**

▼あおむしたちのいる場所が変わることによって生まれる気づきが、物語のカギとなります。最初はどこにいて、次にどのようなきっかけで、どんな場所に移動したのかを整理させてみるといいでしょう。

## 21 よみとりもんだい③（ものがたり）「サラダで げんき」 44・45ページ

❶ びょうき

❷ ①かた

②なぞなぞ

③くすぐって

④サラダ

❸ ㋐（　）おやつを たべる ため。

㋑（○）おかあさんに サラダを つくって あげる ため。

㋒（　）おかあさんの かわりに ごはんを つくる ため。

**※ふりがなは かかなくて かまいません。**

**解説**

▼❶は、設問の「なにか いいことを してあげたいと おもった」という部分が、文章中のどこに隠れているかを見つけさせましょう。直前にある文の「なので」が、そのあとに続く文の理由を説明しているルールであると気づけると、答えを導き出せます。

▼❷は、物語の文章から同じ言葉を探すことで答えにたどり着けます。

▼❸は、設問のア～ウの文を読み、「どこかにおやつを食べると書いてあったかな?」「なにを作ってあげるんだっけ?　ごはんだっけ?　サラダだっけ?」などと質問をしてあげると、情報の整理ができ、答えを絞り込むことができます。

## 22 よみとりもんだい④（せつめい文）「どう やって みを まもるのかな」 46・47ページ

❶ とげ

❷ こうら

❸ ㋐（○）うしろむきに なって とげを たてる。

㋑（　）まえむきに なって とげを たてる。

㋒（　）うしろむきに なって とげを しまう。

❹ ㋐（　）うしろむきに なって とげを たてる。

㋑（○）こうらだけを みせて じっとして いる。

㋒（　）こうらを かくして じっとして いる。

❺ やまあらし・まもりかた

**解説**

▼❶～❹は、文章の最初にある「これは、やまあらしです。」と同じリズムの文が、もうひとつどこにあるか探すことから始めさせてみましょう。展開は、どちらも体の特徴→身の守り方となっているので、ていねいに読みとくと答えを導き出せます。

▼❺は少し難易度の高い問題です。「なにについての説明文か」を要約する練習をしていくと、説明文の読解力が身についていきます。

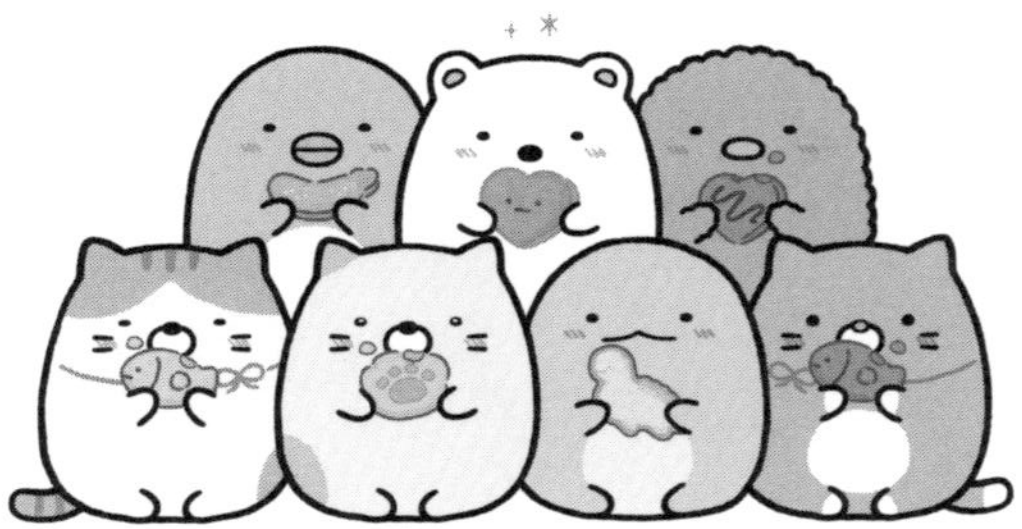

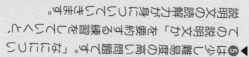

## 23 よみとりもんだい⑤（せつめい文）「うみの　かくれんぼ」 48・49ページ

1. すなのなか
2. 大きくてつよい
3. すな・もぐって
4. そこ
5. いろ
6. おなじ・からだ

※ふりがなは　かかなくて　かまいません。

**解説**

▼6つの短い文で作られている説明文です。まずは、それぞれの文の「なには　なんだ」の部分に印をつけていきましょう。問題文と見比べながら、文をくわしくするための、様子を表す言葉や、「どこで」の言葉を見つけていくと、答えにたどり着けます。

## 24 よみとりもんだい⑥（せつめい文）「いろいろな　ふね」 50・51ページ

1. 人
2. きゃくしつ・しょくどう
3. 人・じどう車
4. きゃくしつ・車
5. きゃくせん ― きゃくしつで　休んだり、しょくどうで　しょくじを　したり　する。
   フェリーボート ― 車を　ふねに　入れてから、きゃくしつで　休む。

※ふりがなは　かかなくて　かまいません。

**解説**

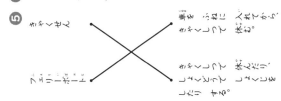

▼客船についての説明の流れと、フェリーボートについての説明の流れが似ているという点に気がつくと、各設問の答えを見つけやすくなります。わかりにくい場合は、文章が似ている部分それぞれに、印や色を変えて線を引かせてみるといいでしょう。

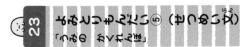

## 25 よみとりもんだい⑦（し）「みみずの　たいそう」

52・53ページ

❶ つち

❷ ㋐（◯）げんきよく　はねて　いる　ようす。
㋑（　）おちついて　じっとして　いる　ようす。
㋒（　）つちの　なかに　もぐる　ようす。

❸ くうき

❹ ㋐（　）つちの　なか。
㋑（　）つちの　そと。
㋒（◯）ちきゅうの　そと。

**解説**

▼詩には独特のリズムや表現があります。「ぴんぴこ　ぴん」は、その言葉だけではみみずの様子をイメージしにくいですが、「そら　げんきよく」や「はりきり　はじけて」という言葉がヒントになっています。

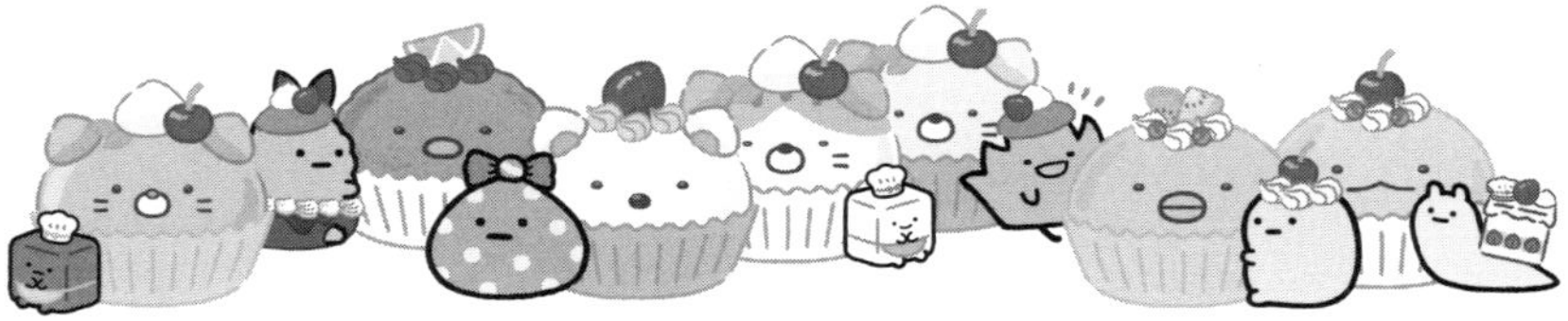

## 26 よみとりもんだい⑧（し）「あさの　おひさま」

54・55ページ

❶ あさの　おひさま

❷ あかい

❸ ざぶん・あらった

❹ ㋐（◯）おおきな　おひさまが　うみから　のぼる　ようす。
㋑（　）おおきな　おひさまが　うみに　しずむ　ようす。
㋒（　）おひさまが　ねて　いる　うみを　おこして　いる　ようす。

**解説**

▼詩の最後にある「ざぶんと　うみで　あらったよ」から、❹は㋑と間違いやすい問題です。「あさのおひさま」という詩のタイトルと、詩の真ん中にある「のっこり　うみから　おきだした」を読み落とさないようにしましょう。

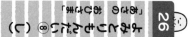

## 27 まとめの テスト① 文しょうの くみ立て①

56・57ページ

❶ ①いぬ（が）
②さとう（は）

❷ ①おとうと（が）
②せんせい（は）

❸ ①おちゃ（を）
②から（を）

❹ ①赤ちゃん・みんな
②おだんご・ケーキ

※ふりがなは　かかなくて　かまいません。

わぁ
どうぞ

## 28 まとめの テスト② 文しょうの くみ立て②

58・59ページ

❶ ①おひるやすみ
②お正月

❷ ①としょかん（で）
②おみせ（で）

❸ ①たべる
②ほめた

❹ ①らい年
②いえ
③おみせ・かいました

※ふりがなは　かかなくて　かまいません。

Patisserie Sumikko

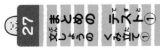

## 29 まとめの テスト③ 文しょうの くみ立て③ 60・61ページ

❶
① ともだち（ のて ）いえで あそぶ。
② えんぴつ（ では ）かく。
③ せんせい（ にの ）おそわる。

❷
① さんすうが にがてです。
（〇）でも、がんばって べんきょうします。
（ ）そして、がんばって べんきょうします。
② ころんで けがを しました。
（ ）なぜなら、びょういんへ いきました。
（〇）だから、びょういんへ いきました。

❸
① だから
② でも

❹
① まず ・ところで
② すると・つぎに

## 30 まとめの テスト④ みじかい 文しょうの よみとり① 62・63ページ

❶
① 小さな
② 白い

❷
① 2→3→1
② 3→1→2
③ 1→3→2

※ふりがなは かかなくて かまいません。

## 31 まとめの テスト⑤ みじかい 文しょうの よみとり② 64・65ページ

❶
（ ）たのしみに して いる。
（〇）きんちょうして いる。
（ ）がっかりして いる。

❷
① ねこ
② はずかしがりや

❸
① 2→3→1
② 2→1→3
③ 1→3→2

## 32 まとめの テスト⑥ みじかい 文しょうの よみとり③

66・67ページ

❶ ①とかげ

②しろくま

❷ ①ねこ

②しろくま

③しろくま

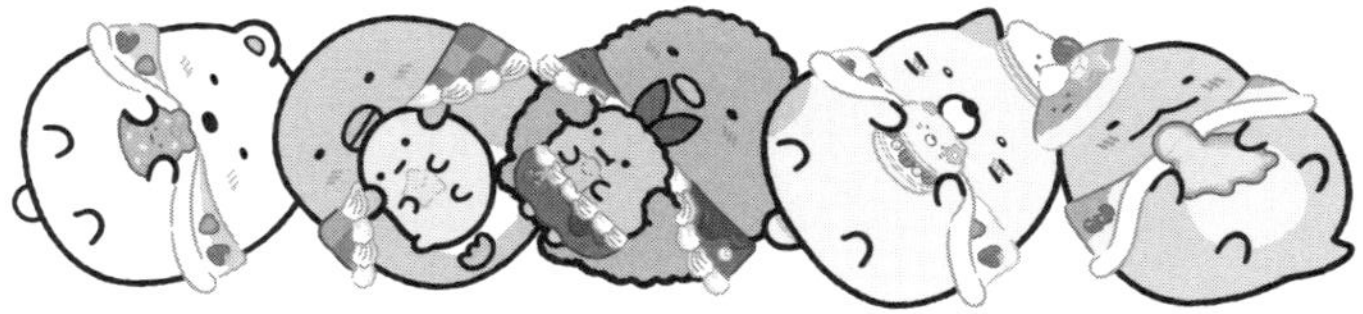

## 33 まとめの テスト⑦ ものがたり

68・69ページ

❶ ①おかみさん

②たぬき

❷ ばん

❸ ㋐（　）たぬきが　いたずらずきだから。

㋑（〇）たぬきが　かわいそうだと　おもったから。

㋒（　）たぬきが　糸車を　まわしたから。

**解説**

▼❶は「いたずらもん」の「いたずら」がどんな動作のことを指しているのかがわかると、いたずらもんが狸のことであり、おばあさんのセリフであることを順にひも解いていけます。

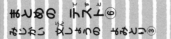

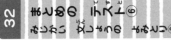

## 34 まとめの テスト⑧ せつめい文

70・71ページ

❶ 子ねこ

❷ 王さま

❸ 口・くわえて

❹ （線で結ぶ）
- 生まれて 二か月ぐらい ― おちちだけ のんで いる。
- 生まれて 一年ぐらい ― えものの とりかたを おぼえる。

※ふりがなは かかなくて かまいません。

**解説**

▼❹は、設問にある「生まれて二か月くらい」と「生まれて一年くらい」の部分を文章から探せると答えを導き出せます。生き物の成長の様子を説明する文章には、「いつ」の問題は頻出なので、時間の流れや年月の流れに関する言葉に線を引くクセをつけさせておくといいでしょう。

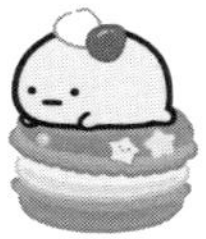

## 35 まとめの テスト⑨ し

72・73ページ

❶ ひかり・はやく

❷ （線で結ぶ）
- 石のように ― かたい
- ゆきのように ― 白い
- 山のように ― たかい

❸ おかし

❹ ㋐（　）すぐに かなう こと。

㋑（〇）とても かないそうに ない こと。

**解説**

▼詩の読解問題は、作者の心情や作者が伝えたいメッセージ、詩の世界観を読み解く問題が多く出されます。答えは詩のタイトルがヒントになることもあります。㋐は「かたつむりの ゆめ」がタイトルで、「ゆめの なかでは ね ひかりのように はやく はしるんだよ」という部分から、ゆっくり進むかたつむりとの対比がイメージできるので、❹の答えは㋑であることがわかります。

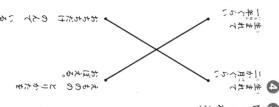

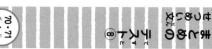